## (はなぶさ いつちょう)・多賀朝湖

承応元年1652年～享保9年1724年没ス。江戸前期から中期にかけて活躍した有名画家、伊勢亀山藩侍医の子と生まれ、15歳の頃から江戸で狩野安信に師事したが当時の狩野派に満足できず破門、はじめ多賀朝湖の画名を使った、号は狩林散人、暁雲堂など数多い。将軍綱吉の生母桂昌院の醜聞事件に連座して、元禄11年(1698)三宅島に遠流になり宝永6(1709)年将軍代替わりの恩赦により江戸にもどり、以降は英一蝶と改名、晩年は狩野派風の作品も描いたが、俳諧、音曲も得意とし当時の通人(松尾芭蕉・紀伊国屋文左衛門らと交友)としても有名。【信玄公16歳初陣の像】は信玄公100回忌、1672年に奉納された。絵師　英一蝶が21歳の時、多賀朝湖と名乗っていた頃の作品です。100回忌の法要には千人同心(武田氏旧家臣)等が参集したでしょう。

信玄公16歳初陣之像は、八王子信松院に秘蔵されています。
すでに歴史書などに紹介されているが、何時誰が描き奉納したかを解明し、
信玄公初陣之功平賀玄心(源心、玄信)討取の真実を確信した。

## 信玄初陣之功とは

天文五年(一五三六)武田信玄十六歳元服して晴信と名乗った、甲斐を平定した武田信虎は信濃佐久の盟主平賀源心の出城、海ノ口城を攻め包囲永く強豪源心の抗戦はすざましく城は落ちない、十二月二七日撤退を決めた、しんがりを晴信は申し出て、翌早朝知略巡らし武勇で名を馳せた源心を打ち取り初陣之功を揚げた。
その平賀源心(玄心、玄信)の墓が若神子にある。

信玄初陣は伝説で事実でない甲陽軍鑑は信用できない、明治・大正の歴史家田中義成博士が発表した、それ以降、信玄初陣之功、山本勘助などは架空説と大方の歴史家が公言している。

史跡伝承の復活に執念信玄初陣之功の平賀玄心の墓が若神子にある、無視放置されている史跡の整備復活を祈念し真実を追求し三十年真実の念願が叶い公表する。

信玄公十六歳初陣之功は真実だった。八王子信松院(信玄公息女松姫様開基)に秘蔵されている、信玄公十六歳初陣之像を確認、奉納されたのは信玄公100回忌です。
撮影させて戴きました。

その凛とした美しさに驚きその絵の日くを聞き強く身体が膠着した、即刻写真の現像、落款箇所を拡大し専門画商に作者の特定をお願いすると有名絵師英一蝶の若い時の直筆と判断された。決定的!信玄初陣之功は真実だった。

# 滅亡後の
# 武田氏家臣団

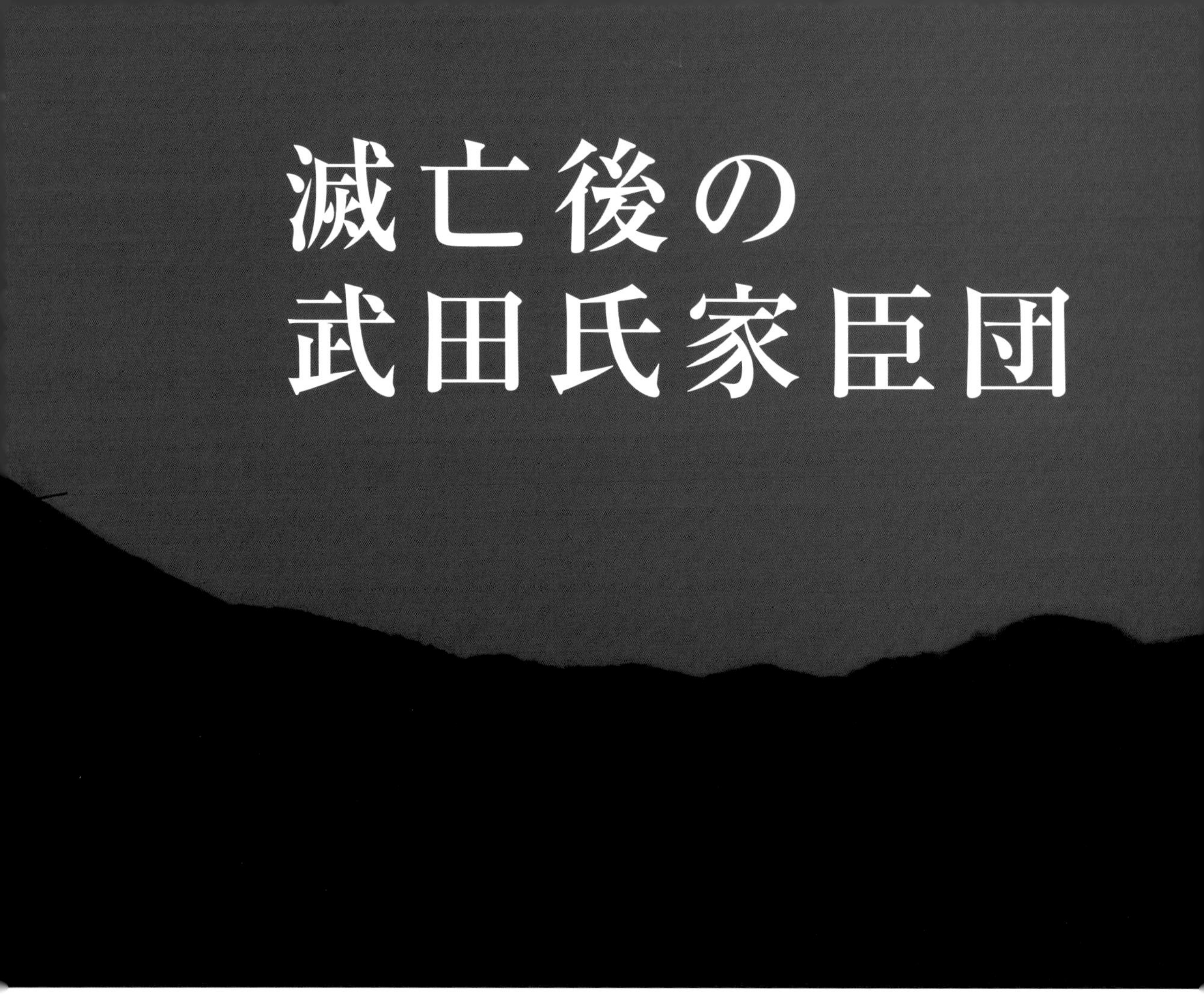

千人同心の原型は武田氏に仕えた小人頭にある、小人頭は武田氏直属の家臣団で目付役を務め道筋奉行として隣国からの警備をし、戦時には出陣した。天正10年（1582年）3月武田氏が滅亡し9人の小人頭は徳川家康に召し抱えられた。（石坂森道、河野道重、志村貞盛、原胤従、中村安直、窪田忠廉、山本忠玄、荻原昌之、窪田正勝、）旧武田家臣団二八衆八百余名が家康に臣従する起請文を提出している。九人の小人頭は同心を引き連れ八王子城下に移住した。慶長5年（1600年）関ヶ原の戦いには500人の増員を受けて出陣した、この時から同心は1000人になった。千人同心はその後、大阪冬の陣、大阪夏に陣に従軍し、江戸時代初期の千人同心は徳川将軍の直轄軍団の軍事力の一環として位置づけられていた。

大久保長安は、猿楽師の子に生まれた、信玄公に見出されて特に黒川金山開発に貢献し蔵前衆として従事していた。武田家滅亡後、家康に才能を見込まれ武蔵の治安維持を進言し千人同心組織を武田氏家臣団を中心に誕生させた。将軍家は長安の才能を高く評価し異例の昇進は甲斐奉行、石見奉行、佐渡奉行、勘定奉行、伊豆奉行、これ等一切の奉行職を兼務老中に列せられ、長安は【天下の総代官】と称された。

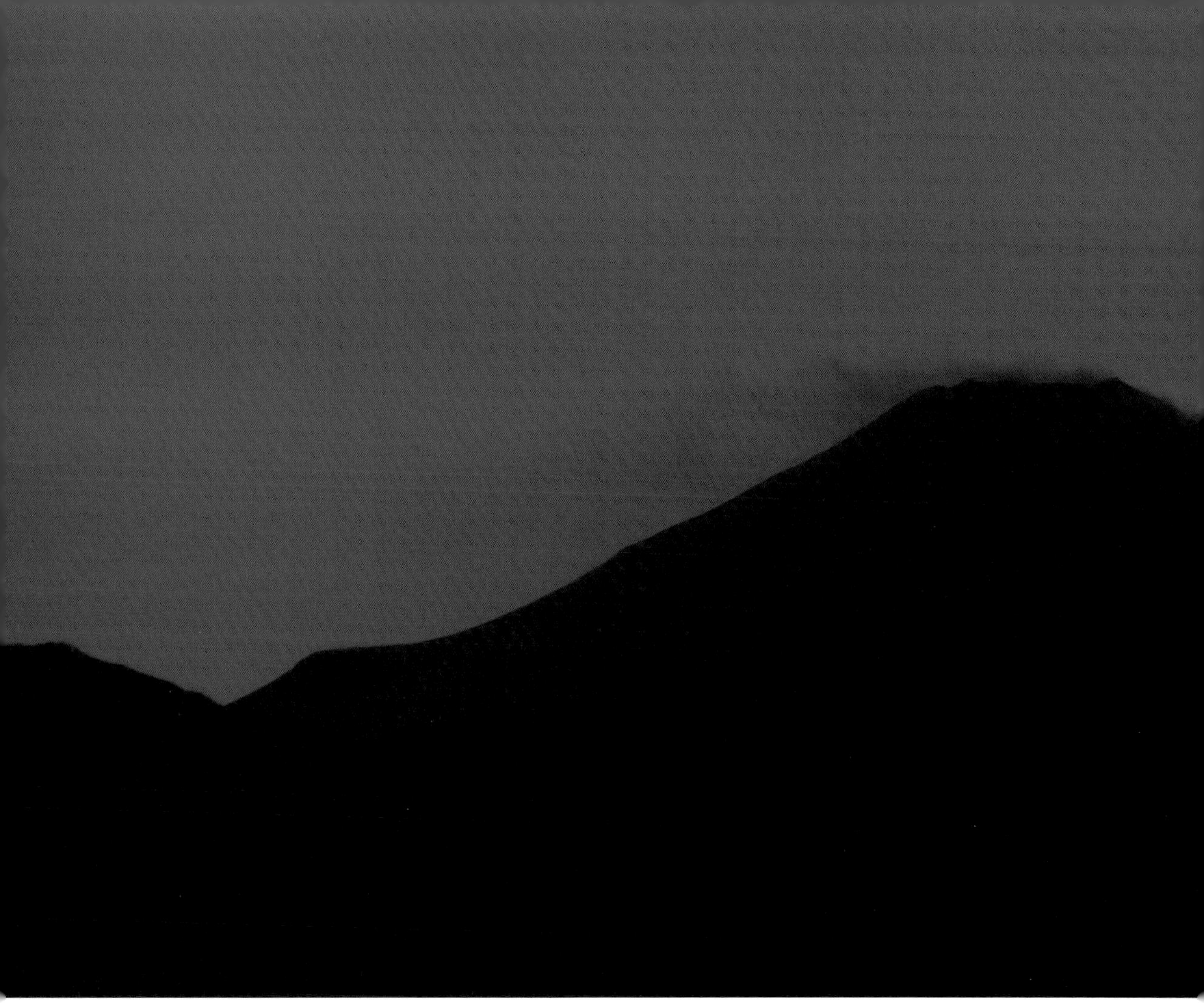

家康は甲信の備えに八王子に千人同心を配置し関東の総代官には大久保長安が任命されました、かつては武田家の家臣達です、信玄公のご息女松姫様が同じ八王子に居ることはどれだけ心強かったことでしょう、尚、家康は松姫様の信松院に寺領を送っていました。

時を経て１６７２年信玄公１００回忌に【信玄公１６歳初陣之像】が信松院に奉納されていました、有名絵師英一蝶の若き時期、多賀朝湖の奉納画と確認されました。旧武田家に由緒ある千人同心の方々は凛々しい信玄公１６歳初陣之像の絵画をみて真実の伝承を確認して感激したことでしょう。

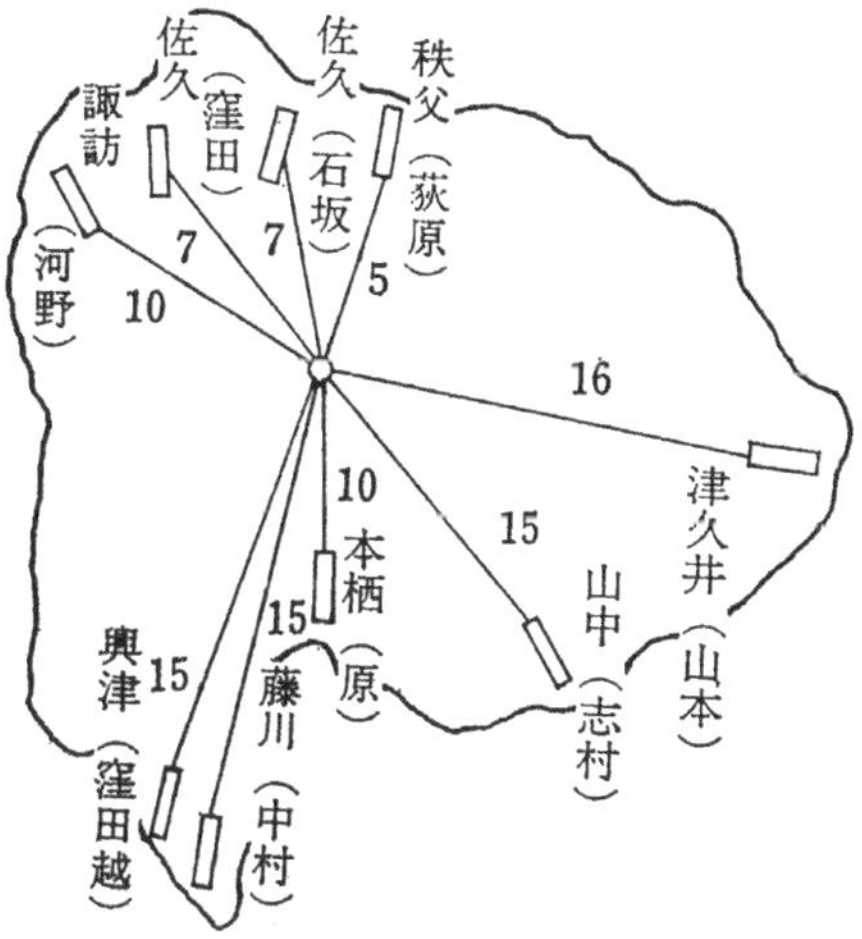


甲州九口道筋奉行配置図

八王子千人同心、村上直編より

# 松姫様（信玄公息女）
# 八王子・千人同心は見た

【信玄公十六歳初陣之像が八王子信松院に秘蔵】

2020年、令和2年3月27日の午後信松院をお訪ねしました。

信松尼坐像を中央に武田家由来の掛軸、信玄公・武田24将・信玄公16歳初陣之像・信松尼像・等、古文書、武田水軍軍艦模型等を信松院住職様の丁寧な説明、ご案内で拝見出来ました。

武田信玄16歳初陣之功の歴史伝承の架空説、疑文説は、実在を示す史料が確認でき払拭出来ました。信玄公亡き後100回忌に初陣之像を奉納する事態が真実の歴史的証明です、100回忌の法要に嘘事をするわけがありません、100回忌の法要には武田家に由緒のある方々（千人同心等旧武田氏子孫）が参集している場に偽書の信玄公初陣の肖像画を当時の有名絵師朝湖【英一蝶】の絵を奉納する訳がありません。

【武田信玄初陣之功】は事実でないと明治・大正以降の大方の歴史家が主張している。

私は断言する、武田信玄公十六歳初陣之功は真実実在した、平賀玄信（源心▸玄心）は実在した。

尚　八王子の信松院を囲むように、武田氏旧家臣で構成した千人同心が存在し、信玄公息女の松姫様は同心たちの心の支えでした。信玄公100回忌の法要に虚偽の【信玄公十六歳初陣之像】絵画を奉納されることは断じてありません。明治、大正時代から今日まで長い間、歴史家が力説した【信玄十六歳初陣之功】の架空説、疑問説は有名絵師の英一蝶【多賀朝湖】の直筆の奉納絵で決定的に払拭され真実と確証できました。

1　昭和44年10月、北海道釧路市松浦町から山本勘助の実在を示す市川文書の発見。昭和55年4月、山梨県高根町中蔵原に山本勘助の卵塔型式屋敷墓と位牌を歴史家の上野晴朗氏が確認した。

2　平成五年八月、佐久市山崎哲人著【絵図が明かす平賀玄信の佐久支配】平賀成頼佐久群平均絵図で玄信（玄心、源心）の実在を確信した。

3　若神子の路傍に現存の平賀入道玄心墓、平鹿城主玄心墓、墓標の破壊石の変転、謎の解明により信濃佐久人の心情、玄心公は実在した。

4　令和2年3月、八王子市台町、信松院に絵画【信玄公十六歳初陣之像】信玄公100回忌（1672年）の奉納絵を当時の有名絵師、英一蝶の直筆の作品と確認した。信玄初陣之功は真実だった。（然るに、伝説架空説を公言した諸氏は何かと反論するでしょう、信玄初陣之功は【甲陽軍鑑】にあるだけで当時の他の史料にない、それは父信虎が手柄と認めず厳くタブーとして封印したのです。）以上4点は武田信玄公一六歳初陣之功、平賀玄信討取り、山本勘助実在など、甲陽軍艦は偽書の歴史家の風評迫害の架空説、疑問説を払拭し、実在説を証明する事項です。

# 松姫さまの生涯

武田信玄公息女

金龍山　信松院

松姫さまは、武田信玄の息女として永禄四年（一五六一年）九月にお生れになりました。

時あたかも父信玄は、宿敵上杉謙信と雌雄を決すべく川中島に出陣していたときであります。松姫さまは七歳のときに、織田信長の嫡子で当時十一歳の信忠と婚約いたします。当時の日本は戦国の時代で、とりわけ武田信玄の力が強大であり、新興勢力の織田信長も覇業を達成させんが為に、信玄と縁故関係を結びたいと松姫さまと信忠との政略結婚を意図したのであります。元亀三年（一五七二年）、信玄は大軍を率いての宿願の上洛の軍を起しました。その信玄の行手に立塞がったのが徳川家康であり、浜松の北一里にある三方ヶ原で合戦が行なわれました。その時に織田信長は家康のために援軍を送ります。この合戦は信玄の圧勝となり、信玄は信長が家康に援軍を送ったことで、松姫さまと信忠との婚約を破棄いたします。ところが不幸にも年が明けた天正元年、信玄は旅の途中で病を発して没します。信玄の後を嗣いだ武田勝頼も時代の流れには抗し難く、天正十年三月、織田・徳川両軍の侵攻の前に天目山で討死、ここに甲斐源氏の名門武田家は滅亡するのであります。

扨てその時の松姫さまはというと、その年の正月に兄、仁科五郎盛信（信玄の五男で、信濃の名門仁科の家名を嗣ぐ）のすすめで、盛信の居城高遠城を訪れておられました。ところが織田の軍勢が攻めてくるという報せに、急ぎ甲府へ戻られます。その時松姫さまは、兄盛信の四歳になる督姫を連れ、さらに途中韮崎の新府城に立寄って勝頼の姫で四歳になる貞姫や、小山田信茂の四歳になる香貴姫も伴ないます。護衛の武士に護られながら一行は、父祖の地甲斐を後にして見知らぬ他国の関東を指して落ちのびられます。そして幾多の艱難の末にたどり着かれたのが、武蔵国横山宿（八王子）の恩方村で、一先ず金照庵という小庵に落着かれした。然し時代は変遷を繰返し、武田を滅した織田信長は本能寺に明智光秀の為に殺され、光秀は羽柴秀吉に誅せられ、そして天正十八年、秀吉の小田原攻めで北条氏照の八王子城も陥落して、関東は徳川家康が管領するところとなります。扨て、御所水に住われた松姫さまは、武田一族の菩提を弔らわれる仏道精進の毎日でありましたが、その傍らには糸を紬ぎ、絹を織られたりして織物の技を里人に伝えられます。又、近

信松尼坐像

武田軍船安宅形雛形
（東京都重宝）

ます。やがて松姫さまは、ほど近くに在る曹洞宗の名刹心源院に随翁舜悦卜山和尚（勅賜仏国普照禅師）を訪ねられ、禅師の下で剃髪されて仏弟子となられます。そして法名を信松禅尼と称されました。御年二十二歳であります。天正十八年、松姫さまはご自身の庵を持たれるべく、当時の上野原宿で御所水の流れも清い景勝の地、御所水の里へ移り住われます。そして庵を結ばれた所が現在の信松院であります。

　この頃の八王子は北条氏照の治下にありま

隣の子供達には手習いを教えられたりして、土地の人々から大変に慕われ尊われて平和な日々を送られます。この時に松姫さまが伝えられた織物が、後世八王子織物として発展していくこととなったのです。扨て関東へ入った家康は居城を江戸に定め、甲信への備えの為に八王子に千人同心を配置いたします。この千人同心は、元武田家に仕えていた旧臣達です。又、関東の総代官所を八王子に置き、総代官には大久保長安が任命されました。この大久保長安もかつては武田の家臣でした。異郷で新らしい生活に従事する千人同心も、又、大久保長安も八王子に旧主の姫松姫さまがおられるということで、どれだけ心強く思えたことでありましょう。家康も、信玄の姫松姫さまが八王子におられるを知って寺領を贈り、時折りに消息を尋ねたりしてなぐさめられます。

松姫さま廟所

　天下を統一した豊臣秀吉も慶長三年に病没し、天下は家康のものとなり、ここに江戸幕府三百年の礎が築かれます。時は移り元和二年四月十六日（一六一六年）戦国の時代を力強く生き抜かれた松姫さまは、温かい人々に看まもられながら、眠るが如くに他界せられたのであります。享年五十六歳でありました。法名信松院殿月峯永琴大禅定尼。奇しくもその翌十七日には徳川家康も逝去せられて、後に日光東照宮に祀られます。この東照宮の守護に就いたのが八王子千人同心であり、それが明治維新まで続いたことは、松姫さまをめぐっての奇しき因縁とも申せましょう。

（文中、松姫さま外の人物名は尊称を略させていただきました。）

御所水観音　観音堂

# 武田信玄十六歳初陣之功
# 平賀玄心之墓・謎の変転

## 一五八二年織田軍に破壊された石地蔵塊

1582年織田軍に破壊された
石地蔵の残痕（頭部と胴部など）

平鹿城主玄心墓と石地蔵破壊塊

信玄十六歳初陣の功·平賀玄心之墓

## 平賀玄心之墓・謎の変転

**1** 平賀玄心の石地蔵を設置
（1540年頃）

**2** 織田軍に破壊される
（1582年頃）

**3** 破壊石の目印
【武田家・迫害時期】
（1582年～1663年頃）

**4** 平鹿城主玄心墓・設置
（江戸時代1670年頃）

**5** 平賀入道玄心墓・建立
（1836年天保7年建立）

**6** 山梨県・史跡
（1955年昭和30年、若神子村誌）

**7** 山梨県史跡撤去・放置時代
（1976年頃から2010年頃まで）

## 武田信玄十六歳初陣之功
## 平賀玄心之墓・謎の変転

一五八二年織田軍に
破壊された石地蔵

# 織田軍に破壊された石地蔵塊

## 【平鹿城主玄心墓】【平賀入道玄心墓】謎の変転

若神子の路傍奥に現存している『平賀入道玄心墓』の傍らに小さな墓石と墓標のような石塊が数個おかれている。平賀玄心の首塚の史跡の経緯に疑義を感じ、その小さな墓石と墓標が解読できずに謎であった。その後の山崎哲人先生の著書で謎の字が【鹿】と判りました。佐久の地元の方が判る『平鹿城主玄心墓』と判明しました。この小さな墓石は江戸前半時代の物、隣の大き目な墓石は1836年江戸後期造りです。そして織田軍による破壊された平賀玄心墓の石地蔵は石塊となり石塊は墓石が設置されるまでの目印としての墓標だった。

## 平賀玄心の墓碑の経緯

1537年、信玄公が初陣、佐久の盟主平賀玄心を討ちここに武勇を讃え石地蔵を建てた。1582年、織田信忠軍50,000総指揮官河尻秀隆は高遠城仁科盛信を自害させ、天目山で勝頼・信勝を自害に追い込んだ。河尻秀隆は武田家と由縁の万物に極めて厳しく残酷な処置を行った。恵林寺はじめ平賀玄心の墓碑石地蔵も破壊壊滅された。江戸時代に入り信濃佐久の旅人達は盟主の平賀玄心公を惜しみ平沢峠に胴塚を、若神子の首塚には武田家迫害を恐れて破壊された石地蔵の石塊を目印にして弔った。一六一五年元和元年、武田氏没後嫡流として、信玄公二男竜芳の子顕了は、大久保長安没後幕府反逆の罪で連座して子信正と伊豆大島に配流された。一六六三年寛文三年将軍家光一三回忌でご赦免になる。一七〇〇年元禄一三年柳沢吉保の説述で信正の子信興が武田家嫡流として再興される。武田信玄を讃える遺跡は江戸前期までは迫害の恐れが有るので、信濃佐久の縁者たちは身内の者しか判らない小さな平鹿の墓標を首塚遺跡に設置した。小さな墓標『平鹿城主玄心墓』信濃佐久の人のみ判る平鹿平賀の謎が①、佐久の盟主が武田信玄に敗れ首を敵地に埋葬されている不名誉な事実。②、不名誉であるが事実として盟主玄心公を弔う。③、平賀を標示すると武田遺跡として迫害される恐れで墓標を平鹿とした。その後武田家が再興された江戸後期に大きな平賀入道玄心墓を建立したのが窺がわれる。平賀玄心実在説を実証する墓碑変転の謎が解明された。信玄公初陣之功は真実だった。

# 甲斐源氏・発祥の地
# 若神子城・近隣の史跡・仏閣

①獅子吼城・江草氏居城
②信光寺・武田石和五郎信光開基
③三枝氏館・三枝昌吉居館
④中尾城・小幡昌盛居城
⑤山本勘助の墓・位牌
⑥浄光寺・山本家菩提寺
⑦鎧堂観音・甲斐源氏祖源義光
殿堂を建て、鎧を奉納
⑧屋代氏居館・屋代勝永入植
⑨勝永寺・屋代越中守勝永菩提寺
⑩真田氏居館・少林寺
⑪正覚寺・平賀源心の位牌
甲斐源氏祖義光公御菩提所
⑫味噌なめ地蔵
⑬若神子城・北城
⑭若神子城・大城
⑮若神子城・南城
⑯諏訪神社・源義光公祈願所
⑰上の棒道
⑱信玄初陣・平賀玄心之墓
⑲東漸寺・平賀玄心の位牌
⑳内藤修理亮・下屋敷
㉑長泉寺・源義清建立
㉒三輪神社・逸見郷総鎮守
㉓東屋神社・日本武尊を祀る祠
㉔藤巻伊予守・屋敷
㉕大豆生田砦
㉖満福寺・穴山梅雪の墓

# 天正壬午の戦い

## 戦場となった峡北の地

1582（天正10）年３月、勝頼が天目山《てんもくさん》で自害し武田氏が滅亡すると、織田信長は、甲斐国の領地分配を行いました。降伏した穴山《あなやま》信君にはそれまでの領地であった河内《かわうち》領をそのまま認め、河内領以外は、信長の家臣河尻《かわじり》秀隆に与えました。

しかし６月、信長が本能寺の変で倒れます。大混乱のなかで穴山氏と河尻氏も一揆により殺され、甲斐国内は領主が誰もいない状態に陥りました。

この状況を見て甲斐国の領有を狙《ねら》ったのが、三河の徳川家康と相模の北条氏政です。

７月から10月にかけて、家康と、氏政の子氏直は、甲斐国内に陣を布き、小競り合いをしながら睨《にら》み合いを続けました。この戦いは、兵力では劣る家康が旧武田家臣を使うことで優位に進め、北条氏直から家康に和議を申し入れたことにより、徳川家康の甲斐国領有が決定しました。

この戦いを天正壬午の戦いといいます。

**若神子城 北城**　（北杜市須玉町若神子）
若神子城は、古城・北城・南城からなっている。北城は天正壬午の戦いの時に応急的に築かれた城で、北条氏の本陣と考えられている。

### 戦いのようす

1582（天正10）年

| | |
|---|---|
| 3月11日 | 武田勝頼、天目山（甲州市）にて自害し武田家滅亡 |
| 6月 2日 | 本能寺の変により織田信長自害 |
| | **<北条軍、西上野（群馬県西部）から東信（佐久・小県両郡）を制圧しながら南下>** |
| 6月 5日 | 家康、匿《かくま》っていた武川衆の折居次昌、米倉忠継を甲斐に帰国させ、武田旧臣を集め徳川方へ付くよう工作を命じる |
| 6月 6日 | 家康、岡部正綱に下山《しもやま》（身延町、河内旧穴山領）へ築城を命じる |
| 6月12日 | 家康の命を受けた依田信蕃が中道往還で武田旧臣3000人を集め佐久へ向かう |
| 6月15日 | 北条氏政、郡内地方の制圧を命令 |
| 6月18日 | 織田旧臣河尻秀隆、一揆の蜂起のため敗死 |
| 7月 9日 | 家康、浜松から甲府へ到着 |
| | 津金衆の津金胤久、小尾祐光兄弟が家康の臣下となる |
| 7月24日 | 家康、北条軍に備えて国内に諸将を配置する |
| | 若神子口には榊原康政等を配置 |
| 7月29日 | 北条軍、佐久から諏訪へ進軍 |
| | 諏訪の高島城を攻めていた徳川軍は白須（白州町）と下伊那に撤退 |
| 8月 3日 | 徳川軍、白須から乙事《おっこと》（長野県富士見町）まで進軍 |
| 8月 6日 | 徳川軍、乙事を撤退し新府城（韮崎市）へ入る |
| | 北条氏直、徳川軍を追って若神子北城へ入り、ここに本陣を構える |
| | 北条軍、八ヶ岳南麓台地のほぼ全域を制圧 |
| 8月 8日 | 家康と氏政、浅尾原（明野町）で対陣 |
| 8月 9日 | 氏直とともに徳川軍を挟撃するため、郡内の北条軍が北上を開始、大野砦（山梨市大野）を攻撃するも失敗 |
| 8月10日 | 家康、浅尾原から新府城へ入り、本陣を構える |
| 8月12日 | 氏直とともに徳川軍を挟撃するため、御坂城（笛吹市御坂町）に拠る北条氏忠等の北条軍が北上を開始、黒駒（笛吹市御坂町）の合戦に敗れて郡内へ敗走 |
| 8月28日 | 大豆生田《まみょうだ》砦（須玉町）から苅田《かりた》（兵糧を得るため作物を刈り取ること）のために出てきた北条軍と戦闘になり、徳川軍が砦の中まで侵入する |
| 8月29日 | 花水坂の戦いにより、武川衆の山高信直、柳沢信俊が北条軍を撃退 |
| | **<津金衆、服部半蔵率いる伊賀組とともに江草小屋（獅子吼城）を乗っ取る>** |
| 9月25日 | 戦闘により両軍に負傷者が出る |
| 10月20日 | 津金衆の小池筑前、徳川の援軍を得て釜無小屋（場所不明）を攻め落とす |
| 10月29日 | 和議が成立、撤退が始まる |
| 11月 | 北条氏直、撤退中にも関わらず旭山（高根町村山北割）に砦を築いたため、家康に咎められ人質を差し出す |

### mukawa 武川衆

戦国時代、諏訪との国境地帯の防衛を担っていた地域武士集団。一条源八時信（？～1321）を祖とし、釜無川右岸の武川筋（北杜市武川町・白州町を中心とする一帯）を本拠としたことから武川衆とよばれました。時信は、男子を教来石・鳥原・白須・山高・牧原・青木の各所に分封し、それぞれが地名を名字としました。後には横手・柳沢・蔦木・曲淵・米倉等の各氏も加わり、地縁・血縁で結びついた強力な武士団に成長しました。

信長の甲斐侵攻の際には身を隠して生き延び、天正壬午の戦いの際にはいち早く徳川方に味方し、戦功をあげています。

### tsugane 津金衆

戦国時代、佐久との国境地帯の防衛を担っていた地域武士団。清和源氏佐竹流の流れで、武田信昌（信虎の祖父）が守護であった文明年間（1469～87）に甲斐へ入り、須玉川流域の津金（須玉町）を本拠としました。比志・小池・箕輪・海口・村山・八巻・清水・井出・鷹見沢・河上等の諸氏の名から、須玉川流域から佐久の一部にかけて勢力を伸ばしたことが分かります。後には塩川上流の小尾を本拠とした小尾党も含むようになります。

天正壬午の戦いの際には、そのほとんどは徳川方に付き、須玉川と塩川の流域から佐久にかけての戦いで戦功をあげています。

北杜市郷土資料館2014『北杜の戦国時代』より転載

# 甲斐源氏・発祥の地
# 武田晴信初陣之功

晴信は十六歳初陣のデビューを飾った
信濃へ・京への足掛かりになった
海の口城の戦いは
平沢峠と若神子に塚がある

甲斐・信濃の国境　武田晴信初陣の夢・平沢峠

# 武田信玄初陣


1 P02 甲斐源氏・発祥の地

2 P10 平賀源心胴塚・平沢峠・海ノ口城

3 P12 富士の国

4 P14 甲陽軍鑑

5 P20 歴史文献の探求

6 P34 山本勘助

7 P36 絵図が明かす　平賀玄信の佐久支配

8 P40 武田信玄初陣之功・歴史伝承復活略年表

9 P42 甲斐源氏・武田氏の略系図

10 P44 山崎哲人先生との出会い　顕彰碑の建立

11 P46 故郷・山梨の史跡伝承の復活武田信玄・初陣之功と平賀玄心墓

12 P47 あとがき


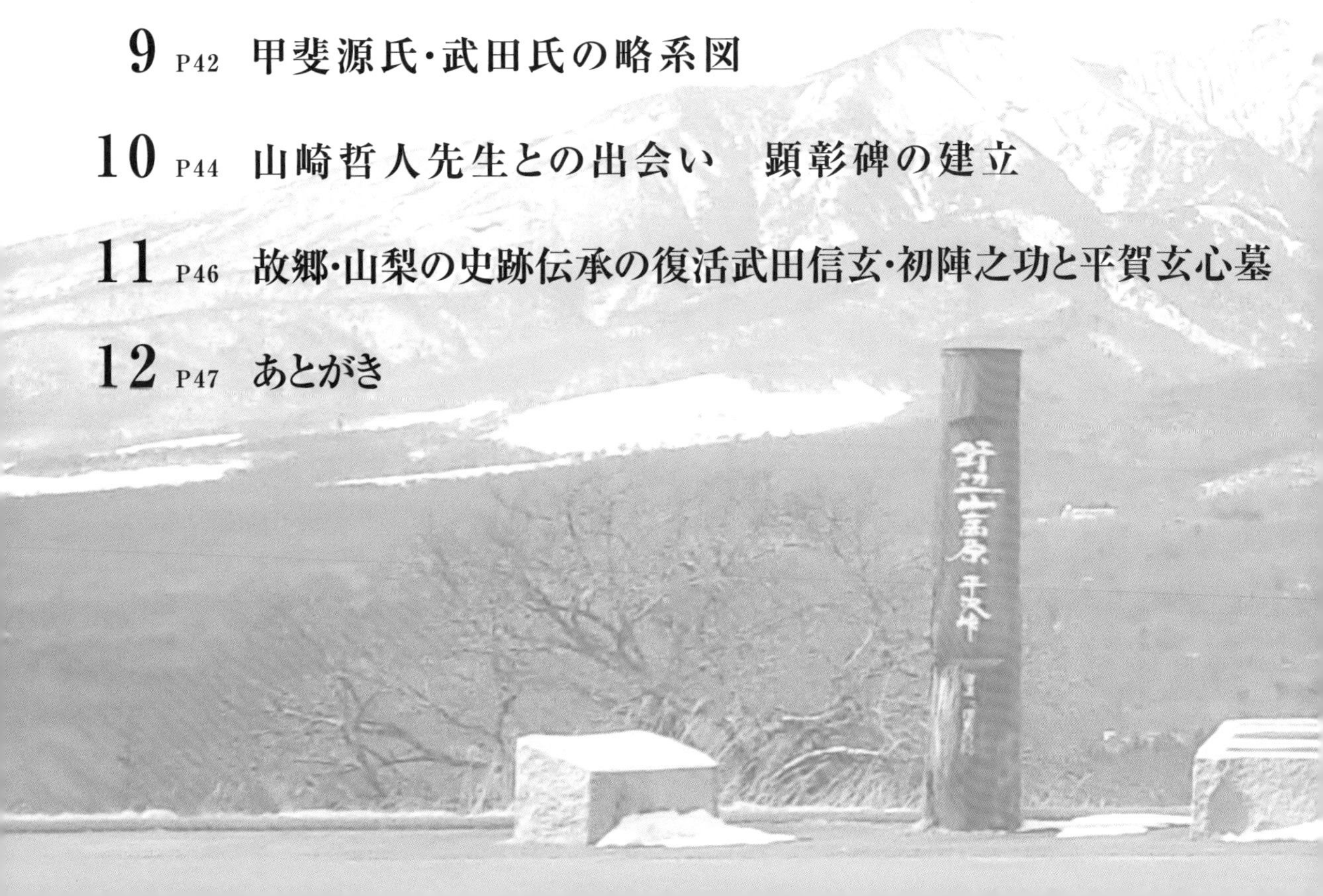

# 1

# 甲斐源氏・発祥の地

## 若神子城・近隣の史跡・仏閣

16 諏訪神社・源義光公祈願所

⑭ **若神子城・大城**

甲斐源氏・発祥の地　新羅三郎源義光築城

① **獅子吼城・江草氏居城**

獅子吼城跡と根古屋神社・大ケヤキ

## 信玄棒道（信玄が開発した軍用道路）

上の棒道‥起点は若神子から信州へ

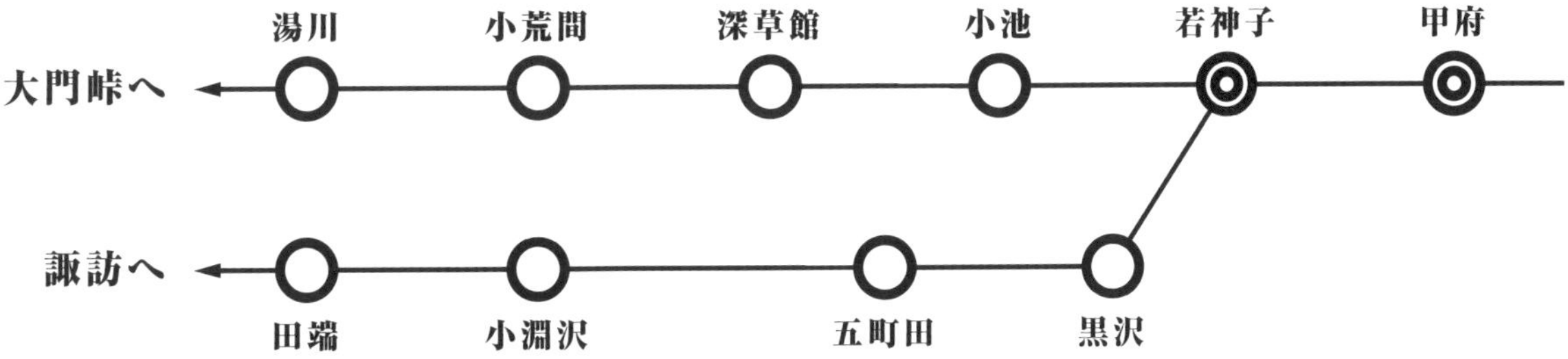

2 信光寺・武田石和五郎信光開基

10 真田氏居館・少林寺

3 三枝氏館・三枝昌吉居館

9 勝永寺・屋代越中守勝永菩提寺

5 山本勘助の墓・位牌

6 浄光寺・
山本家菩提寺

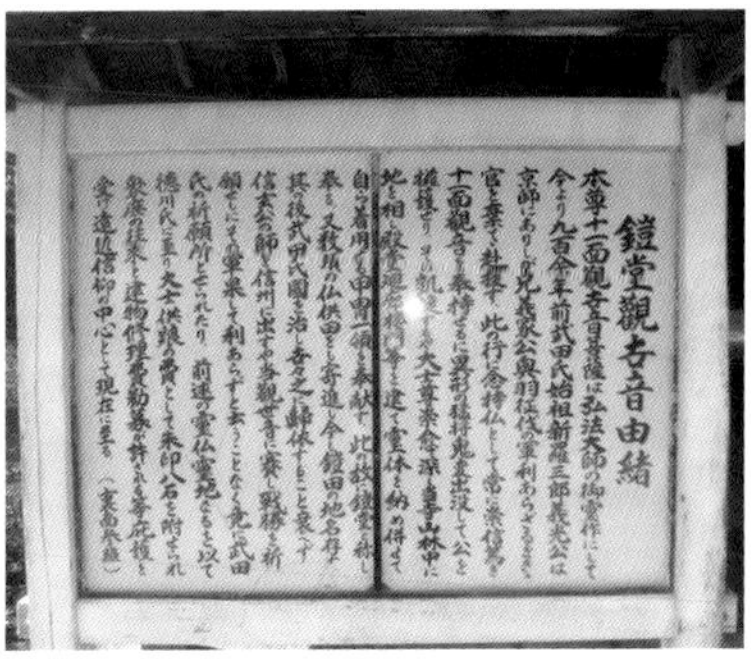


7 鎧堂観音・甲斐源氏祖源義光殿堂を建て、
鎧を奉納

**11** 陽谷山　正覚寺

正覚寺・平賀源心の位牌 甲斐源氏祖義光公御菩提所

**12** 味噌なめ地蔵(武田信玄川中島より安置)

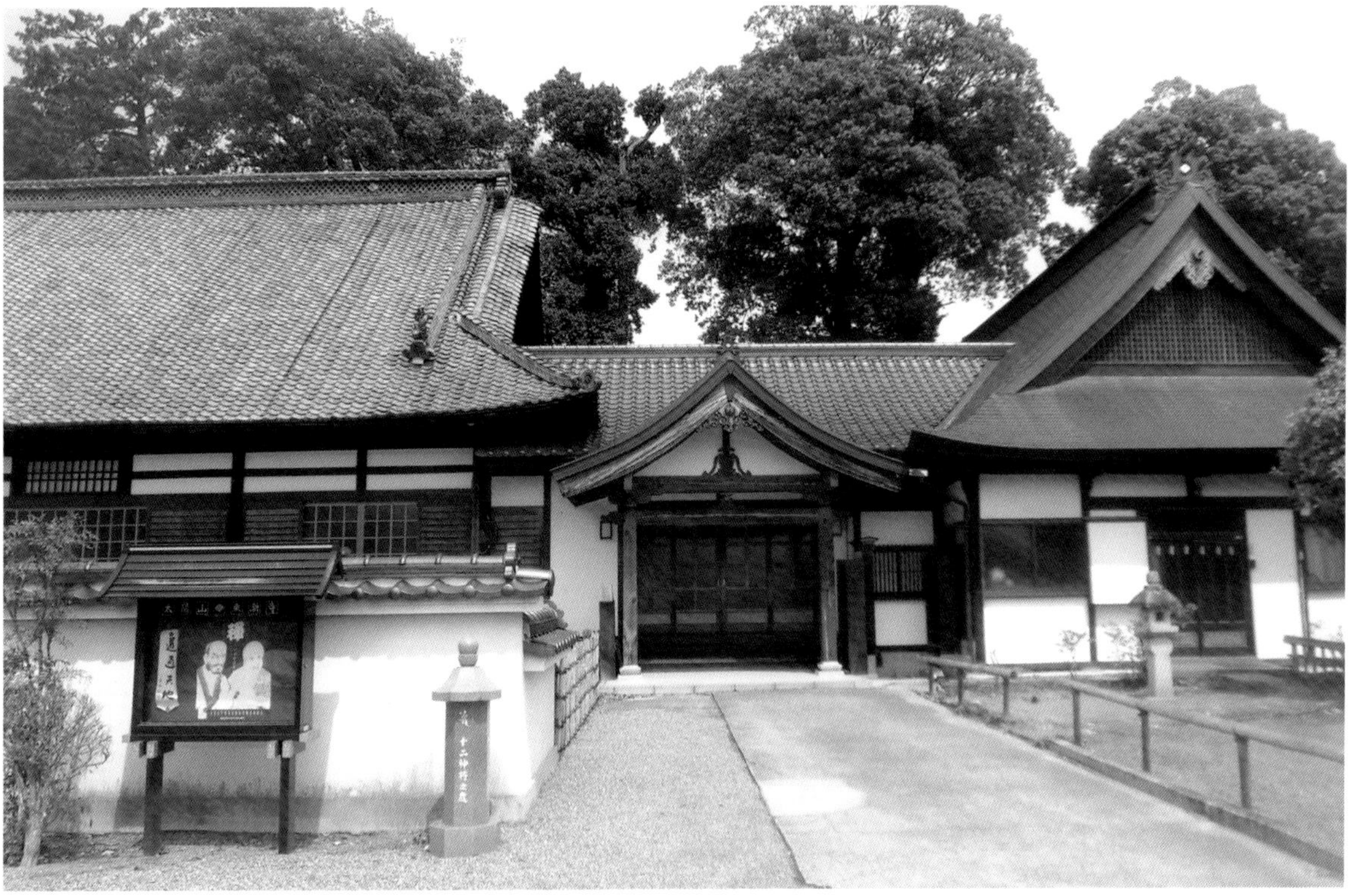

## 19 太陽山　東漸寺
東漸寺・平賀玄心の位牌

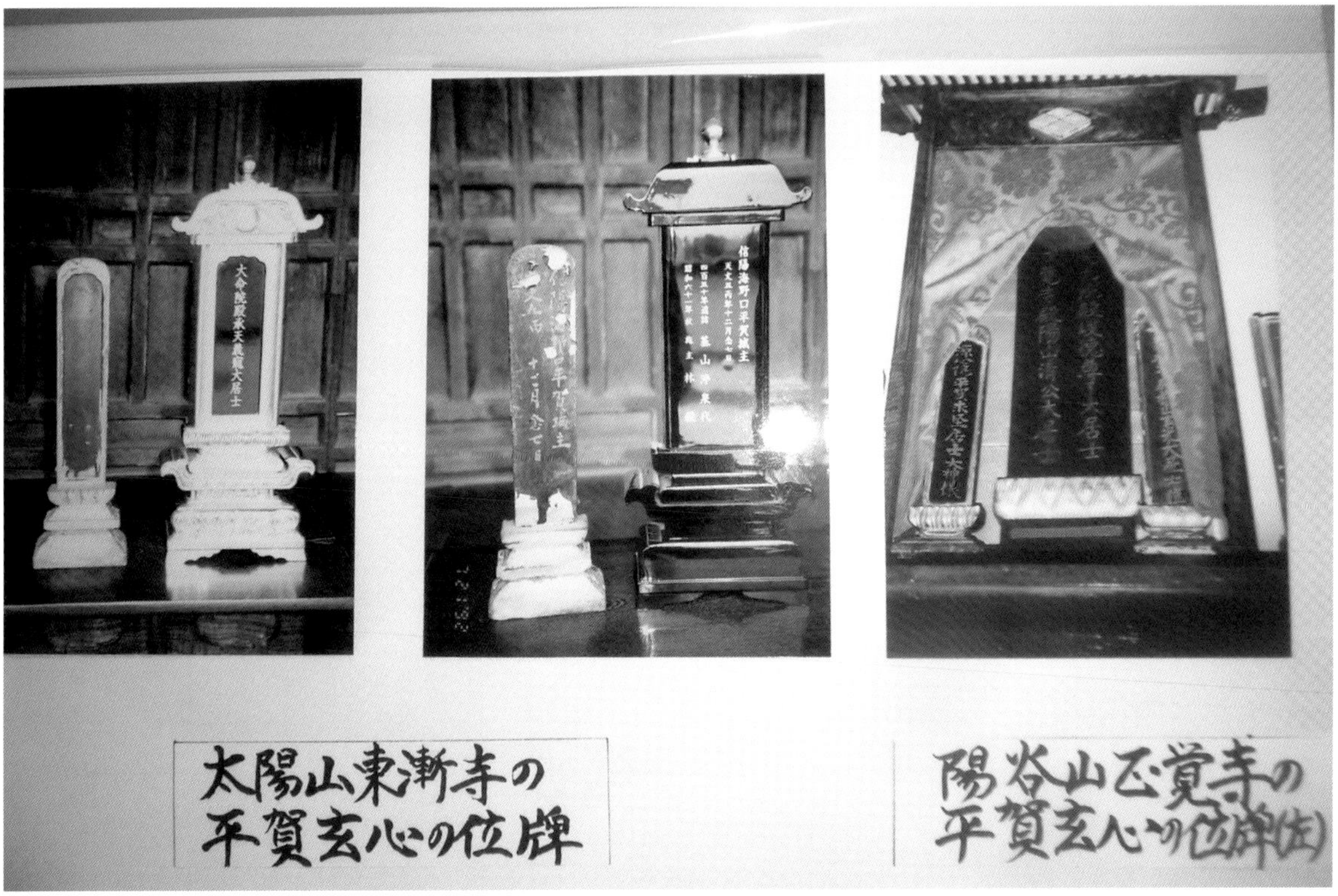
太陽山東漸寺の
平賀玄心の位牌
陽谷山正覚寺の
平賀玄心の位牌(左)

21 湯澤山　長泉寺・源義清建立

22 三輪神社・逸見郷総鎮守

26 満福寺・穴山梅雪の墓

25 大豆生田砦（島崎城址）・御題目石

# 2 平賀源心胴塚・平沢峠・海ノ口城

平沢峠の平賀源心の胴塚・平成元年南牧村百周年記念地元佐久では、郷土の英雄として語り継がれている。

平沢峠の平賀源心の胴塚

麓から海ノ口城を望む

海ノ口城を探究・1992年（筆者.）山田　昌夫.

ふるさと山梨と県人を結ぶ

平成４年３月１日発行　毎月１回１日発行　昭和27年９月18日第三種郵便物認可

# 富士の国

'92 3 第435号

河口湖から

3

富士の国

―武田信玄公【初陣之功】伝承の復活を願う

山梨県人会連合会・平成四年三月一日発行

**会員随想**

# 平賀入道玄心を供養する

平賀入道玄心の墓（左）

『北佐久郡志』に「永正の頃には佐久の平賀城に大井成頼がいて平賀入道玄心と名乗り武勇人に優れていた」とある。玄心は世に言う七十人力、四尺八寸左文字の長剣を持ち、戦場では常に先駆けとなり、退く時は必ず殿軍を守り、その武勇は近国に鳴りひびいていたという。

佐久・小県の盟主として、玄心は「永正十六年（１５１９）に四千五百人の軍を率いて甲斐、若神子へ乱入し、青田を刈り、放火をなす。また甲斐の盟主・武田信虎も佐久へ乱入し、神社仏閣を焼き、寺僧を煙となす。大永・享禄・天文の間、互いに出張して合戦連年やむ事なし」と資料にある。

山田　昌夫
（タマパック（株）代表取締役）

## 玄心の首、討ち取れり

さて『武田信玄初陣の功』として知名な天文六年（１５３７）に話を移そう。

天文五年信玄は元服して晴信と名乗った。晴信の初陣については諸説があるが、大旨天文六年の佐久海の口城の戦い説をとっている。信虎は元服して間もない晴信と次男の次郎信繁を連れ、平賀玄心の出城海の口城を攻め、包囲一カ月余、強豪玄心入道のすさまじい抗戦で城は落ちそうもない。折りから大雪の暮れの二十六日。正月も間近のこととて、甲州の衆は信虎にひとまず甲斐へ帰り、来春また攻め直しては如何と進言、信虎も納得して引き揚げることとなった。二十七日、引き揚げに際して晴信が殿軍を申し出た。信虎は、「不名誉なことを申すな。大雪だし正月も近い。敵が追って来ないことを計算し、安全なる殿軍とは小賢しい。仮りに申しつけるとしても弟の次郎にというのが惣領としての情である」と諭すが、晴信のぜひにとの願いにしぶしぶの殿軍承諾となる。

翌二十八日、まだ夜も明けやらぬ海の口城に近づいた晴信は、「恐らく城内は武田軍の退却に安心し、大方は正月準備で村へ帰り少数の兵しか残っていないだろう。その兵もこの雪の寒さで酒を飲み、泥酔しているだろうが油断はならない。注意して敵の大将玄心入道を討ち取り、大いに手柄を立てて晴信の初陣の功としてくれ」と兵を激励した。晴信の推理は正しかった。警戒もなく深酔していた平賀勢はもとより、武勇で名を馳せた玄心もあえなく討たれてしまったのである。

この晴信の智略が武田勢の信望を集め、甲斐武田の盟主への切望となったこと、言わずもがなである。

玄心を討ち取った晴信は、その時若神子に陣を引いていた信虎に意気揚揚と報告、玄心の首を見せたが、この勝利を信虎は「空城だからであり、だれでも落とせた」と不機嫌な面持ちであった。（信虎が次男信繁に武田家を継がせたかったことの、これは一つの表われであったろう。）

しかし家臣団はその手柄を喜び、信虎に見切りをつけた。そして今川義元も残忍非道の信虎より、年少でおとなしそうな晴信を組みしやすしと見て信虎追放に協力したこと、ご存知の通りである。天文十年（１５４１）であった。これは後世に、信玄の人となりを伝えるための創作であったのだろうか。

## 平賀玄心は架空の人物？

平賀入道玄心については、これまでのところ大方の歴史家が架空説疑問説をとっている。「平賀」「平鹿」「源心」「源信」「玄信」「玄心」「武蔵守」「左京大輔」「大井成頼」――さまざまな表記で文献に表われる平賀入道玄心、これらは同一人物であり、実存していたのだ、と私は考えたい。

いま、私は平賀入道玄心の供養を兼ねて、ふるさと若神子の史蹟を残すべく努力したいと願っている。

（この稿をまとめるにあたり、佐久市桜井の神宮寺住職、山崎哲人先生のご研究を多く参考とさせていただきました。厚く御礼申し上げます）

# 4

# 甲陽軍鑑

## 品第三・晴信公初陣・信虎公進出　抜粋

### 甲陽軍鑑　品第三

#### 信虎《のぶとら》公を追出《ついしゅつ》の事

一、甲州「の」源府君①武田信虎公②、秘蔵の鹿毛《かげ》③の馬、たけ八寸八分にして④、其かんかたち⑤、たとへば昔頼朝公⑥の生食《いけずき》⑦・摺墨《するすみ》にも、さのみをとるまじき馬と近国まで申ならはす名馬なれば、鬼《おに》鹿毛《かげ》と名付《なづく》。嫡子勝千世殿⑧（代）、所望なされ候処に、信虎公事《こと》（殊）の外《ほか》の悪大将にてましませば、子息とても、秘蔵の馬なゝどを無二相違《そういなく》一進《しん》ぜらるべき御覚悟にて更になし。但又、嫡子所望をいやと御申被《な》レ成《され》候事もならず。先始《はじめ》の御返事には、勝千代殿（未ㇾ若年）にて彼馬は似あはず候。来年十四歳にて元服有べく候間、其時武田重代《じゅうだい》の義広《よしひろ》⑨（弘）の太刀《たち》、左文字《さもじ》⑩の刀脇指《かたなわきざし》、廿七代までの御旗《みはた》・楯《たて》⑪なし（無）共に奉るべきよし御返事に候⑫。勝千代殿、又重而《かさねて》の御訴訟には、楯なしは、そのかみ新羅《しんら》⑬三郎の御具足、御旗は、猶以ヲ八幡太郎義家の（御）幡《はた》也⑭。太刀刀脇指は御重代なれば、それは御家督共下さるゝ時分にこそ頂載仕べきに、来年元服とても傍《かたわら》に部屋住《へやずみ》の躰《てい》にては、いかで請《うけ》取《とり》申べきや。馬の儀、只今より乗習て、一両年の間にいづ方へも御出陣にをひては、御跡備《あとぞなえ》⑮をくろめ申べき覚悟にて所望申処に、右の通の御意共、更に相心得申さず候と被二仰越《おおせこされ》一候へば、信虎公、たゞ大方ならぬ狂気人《きょうきじん》にてましませば、大にいかつて大声上《あげ》て被レ仰《おおせられ》候は、家督を譲らんも某《それがし》の存分をたれ存候べき。代々の家に伝はる物ども譲候はんと申に、いやならば次郎⑯を我等の惣領《そうりょう》に仕り、父の下知《げち》につかざる人をば追出《ついしゅつ》してくれ候べし。其時諸国を流浪《るろう》いたし、我等へ手をさぐる共中々承引《しょういん》申まじきとて、備前兼光⑰の三尺三寸を抜はづし、御使の衆を御主殿《しゅでん》さして切（役）はしらかし給ふ。然れ共禅宗曹洞宗の知識春巴《しゅんぱ》と申和尚、御中なをし（直）給ふにより、大事は少もなかりけり。

（注）①源姓である甲州の太守　②武田家第十八世の主。信縄の子。（一四九四―一五七四）　③馬の毛色の茶褐色で、たてがみ・尾・四肢の下部の黒いもの　④馬の足から肩までの高さが四尺以上四尺九寸までを「たけ」（丈・長）という　⑤たてがみと姿と。かみかたち　⑥源頼朝（一一四七―九九）　⑦ともに源頼朝の名馬。宇治川の戦に佐々木高綱が生食（生唼・池月）に、梶原景季が摺墨（磨墨）に乗って先陣を争ったことは著名　⑧武田晴信（信玄）。命名の由来は品十八参照。但し『妙法寺記』によれば晴信の幼名は「太郎」。なお伝解本は「勝千代」に作り、流布本は勝千代・勝千世を混用　⑨郷義弘（一二九九―一三二五）。越中新川郡松倉郷に住む。鎌倉末期の刀工。正宗十哲の一人　⑩左文字源慶（一二七七―一三五六）。鎌倉末～南北朝の筑前の刀工。正宗十哲の一人　⑪塩山市菅田天神社に

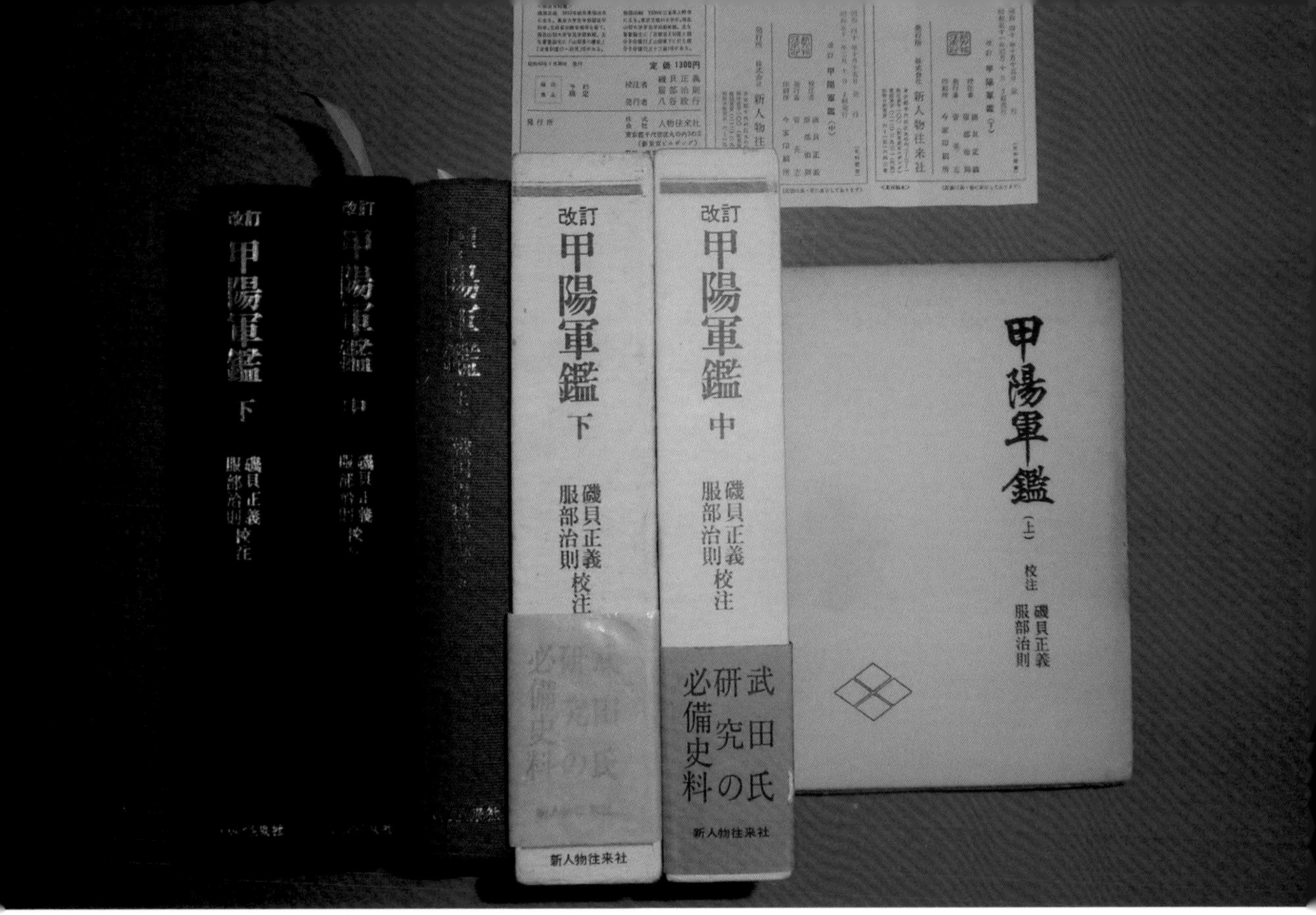


所蔵。国宝。小桜韋威鎧と呼ぶ　⑫御返事也(伝)　⑬源義光(一〇四五頃―一一二七)。義家の弟。新羅明神の社前で元服したので新羅三郎という。甲斐源氏の祖　⑭源義家(―一一〇八頃)。頼義の長子。石清水八幡宮で元服したので八幡太郎という。前九年・後三年両役に活動　⑮あとおさえの軍勢。後陣　⑯晴信の弟武田信繁　⑰鎌倉末〜建武頃の備前長船の刀工。正宗十哲の一人。

其後互に御心ほどけず、やゝもすれば、勝千世殿に信虎公①こめみせまいらせられ候間、家中《かちゅう》の衆大小共に、皆勝千世殿(を)あなづりがほにぞ見えにける。勝千世殿、此色を見付給ひ、猶以《テ》②うつけたるふりをして、馬を乗ては落て背《せなか》に土をつけ、よごれながら信虎公の御前に御座候。物をかけ共《ども》あしく書《かき》、水をあびてもふかき処に入て人に取あげられ、石・材木の大物《だいもつ》を引共《ひけども》、舎弟次郎殿は二度引給へば勝千世殿は一度なり。何もかも弟におとりたる人にて候とて、信虎公の御そしり候によつて、上下皆勝千世殿をそしり申と聞えけり。されども駿河③今川義元公御肝入《きもいり》(煎)にて、勝千世殿十六歳の三月④吉日に御元服ありて、信濃守⑤大膳大夫《だいぜんのだいぶ》(太)晴信と、忝《かたじけなく》も禁中より勅使として⑥転法輪《てんぽうりん》三条殿甲府へ下向し給ふ。則《すなわち》勅命をもつて⑦三条殿姫君を晴信へとて、⑧其年の七月御輿入《こしいれ》なり。

(注)①苦しいめ。小目　②うっかり。虚　③兄氏輝の死去に会い還俗して駿河守護を継いだのは天文五年四月。(一五一九―六〇)　④天文五年(一五三六)　⑤大膳職の長官　⑥三条公頼(一四九八―一五五一)。実香の子。最高位は従一位左大臣。大内義隆を頼って周防に赴き、陶晴賢の乱で死ぬ。公頼甲府下向のことは信ぜられない　⑦三条夫人(一五二一―七〇)。墓は甲府市岩窪町円光院にある。夫人の姉妹は細川晴元・本願寺顕如の室　⑧天文五年

★

又同年の霜月晴信公初陣《ういじん》にて候。其《その》敵は①海野口《うんのくち》とて信濃《しなの》の内に城あり。是へ信虎公発向なされ、取つめられ候処に、城の内に人数多《おおし》。又②平賀の源心法師が加勢に来《きたつ》て籠居《こもりい》候。就レ中《なかんずく》大雪降て中々城の落べきやう更になし。甲州の衆、打寄談合《うちよりだんごう》申され候は、城の内に三千ほど人数候由申候へば、③がぜめ(雅攻)にはいかゞにて候。又御味方の人数も、七八千にはよも過《すぎ》候まじ。今日ははや極《ごく》月《げつ》廿六日なれば年もつまり候。先御国へ御帰陣《かいじん》被レ成《なされ》、来春の事に可レ被レ成《なさるべく》候。敵も大雪と申、節季と申、跡《あと》をしたふ事、努々《ゆめゆめ》思ひもよらず候と申上候へば、信虎公御合点《がってん》にて、さらば明日早《そう》早引《そうひつ》とるべきと相定らるゝ処に、晴信公御出有て、さらばしんがり(殿)を被二仰付一《おおせつけられ》候へと御望候。信虎公聞召《きこしめし》、大きにわらひ、武田の家の名折《なおり》を申さるゝ物かな。敵のつくまじきと④功者共《こうしゃども》申候に、縦《たとい》某《それがし》しんがりと申付候共、次郎に被二仰付一《おおせつけられ》候へなンどゝ申てこそ、惣領《そうりょう》共いふべきに、次郎ならば中々か様の事は望申まじきとて、御しかりなされ候へば、晴信公しきりに御望《のぞみ》、しんがりを申うけられ候。其儀ならば跡に引候へとて、信虎公廿七日の暁《あかつき》、うつ立御馬を被レ入《いれられ》候。晴信公は東《ひがし》道《みち》三拾里ほど跡に残り、いかにも用心したる躰《てい》にて様々《ようよう》(漸々)三百許《ばかり》の人数を下知し、其夜は食を一人にて三人前許こしらへ早々《はやばや》打たゝん支度をし、単皮《たび》(足袋)・⑤行縢《はばき》・物具《もののぐ》をも其儘《まゝ》(着)きごみにし、馬

に物をよくかふて(飼)、鞍《くら》をも置づめにし、寒天なれば、明日打立時分《あくるひうつたつ》は上戸《じようご》・下戸《げこ》によらず酒をすごし、夜の⑥七ッ時分にならば、罷出《まかり》べき分別仕候へと自身触《ふれ》られ候。内衆《うちしゆ》も晴信公の深御分別《ふかき》をば不レ存《ぞんぜず》、まことに父信虎公の御そしりなさるゝも御 尤《もつとも》也。此寒天に何として敵跡をしたひつき申べきやとて、下々《したじた》にて皆つぶやき申。さて七ッの時分に打立て、甲府へは不レ行《ゆかず》、跡へ帰《かえり》、もとの帰《かえり》きたる城へ取懸《とりかけ》、廿八日の 暁《あかつき》其勢三百許にて、何の造作《ぞうさ》もなく城を乗《のつ》とり給ふ。城の内には平賀の源心ばかり、己《おのれ》が内の者もはや廿七日に返し、源心は一日心をのべ(延)、寒天なれば、廿八日の昼立にいたすべきとて、ゆるゆるとしてゐる。地の 侍《さむらい》ども年取《としとり》用意に皆里へ下りて、城にはかち(歩)武者七八十(人)あり。さて源心をはじめ番の者共五六十(人)討ころし、高名《とりみよう》も無用、平賀の源心が首ばかり是へ持てまいれとて晴信公の御前に御置、⑦ねごや(根小屋)を焼払《やきはらい》、こゝかしこに油(弓)断したる侍共、一処《しよ》にて廿・三十づゝ討てすつる。よそよりの加勢の者は在郷《ざいごう》にゐて、此程の休息一日いたし、帰らんと申て罷有《まかりあり》候。此ものどもは猶以ナ取あはず、にげて行敵の中に、剛《こう》の者共も数多《すうた》ありといへども、はや城をとられ候、其上晴信公一頭《かしら》とはしらず、信虎公の返して働き給ふと存知《ぞんじ》、一万に及《およぶ》人数が押込《おしこみ》たらんに、何の働も成まじきとて、女子《めこ》をつれてにぐるを本にせよといふて、山の洞谷《ほらたに》に落て死ぬる(す)。中々晴信公の御手がら古今まれに有べしと、よその家中までも申ならはしたり。

（注）①うみの口(伝)。長野県南佐久郡南牧村海ノ口　②平賀成頼。平賀氏は武田氏の祖義清の弟盛義の子孫という。佐久郡平賀荘（佐久市平賀）を領し、平賀氏を称す　③むりおしに攻めたてること。我攻　④熟練者。巧者　⑤伝解本「むかばき」とよむ。むかばきは鹿・熊などの毛皮にてつくり、武士が狩猟・騎馬等に際し、腰より脚部にかけて着用したもの　⑥午前四時　⑦山上に城のある城下の町家

さて又此平賀源心法師は大剛強《こうきよう》の兵者《つわもの》にて、既に力も七十人力と申ならはし候。定而《さだめて》十人力もこれ有べし。四尺三寸許《ばかり》の刀を常に所持仕る大人にて、数度《すど》の①あらけなき 働《はたらき》の 兵《つわもの》にて候。是を晴信公、初陣に(の)手柄にて討取給ふ。②是信玄公の十六の御年也。それをも信虎公御申(候)は、其城に其まゝ居て使をこし(越)候はで、捨て来るは臆病《おくびよう》なりと譏《そしり》給ふ故、内衆十人の内、八人はほめずして時の仕合也、其上加勢の者も皆散《ちり》、地の侍共も年とり用意に在所へ下《お》り、城はあき城なり

## 校注者紹介

**磯貝正義（いそがい まさよし）**

1912年岐阜県瑞浪市に生まれる。
東京大学文学部国史学科卒業。
文部省宗務官補等を経て現在、
山梨大学教育学部教授。
主な著書に『山梨県の歴史』
『武田信玄』等がある。

**服部治則（はっとり はるのり）**

1920年三重県上野市に生まれる。
東京文理科大学卒業。
現在、山梨大学教育学部教授。
主な著書論文に『武田史料集』
「近代初頭武士集団における
親族関係」（12編）等がある。

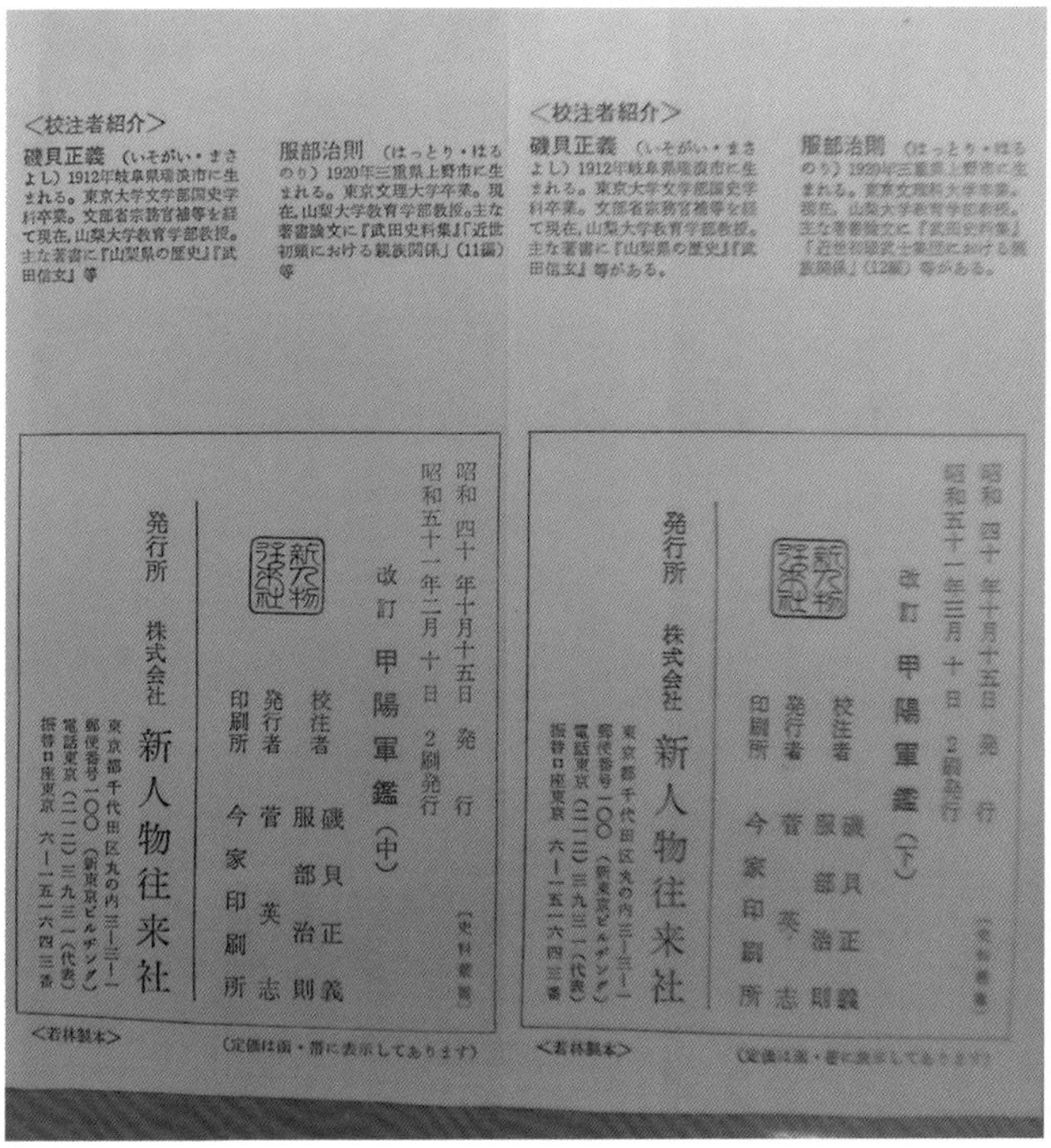

といふも有、浅からざる御働《はたらき》と感ずるものは少《すくなし》。信虎公への③軽薄《けいはく》に、舎弟《しやてい》の次郎殿をほむるとて、心によしと思へども、口にてそしる者ばかりなり。弟の次郎殿、後には典厩信繁《てんきゅうのぶしげ》と申人《もうすひと》也。

注　①あらあらしい。はげしい　②是晴信公十六の御歳也（伝）　③ついしょう。おせじ

さても晴信公奇特《きどく》なる名人にてまします。（子細は）左様の事をなされ候へども、おごる色もなく、猶以テうつけたる躰《てい》をして、時々《よりより》駿河の義元公へたよりまいらせられ、次郎「殿」を惣領《そうりょう》に立て我等を①そしに仕べしと信虎公の②御申、此段は偏《ひとえ》に義元公の御前《まえ》に御座候とて様々頼《たのみ》なされ候により、義元公も又欲をおこし、信虎公は③舅《しゅうと》といひ、我等より先からの剛《こうの》人なれば、甲州一国にても我《わが》手下になる人にて更になし、あの晴信を取立候はゞ、まさしく我等旗《はた》下にきはまり候「間」、左様候はゞ子息④氏真《うじざね》の代《よ》までも全《まったく》旗下に仕べしとおぼしめし、晴信公と御組ありて、信虎公を駿河へよび御申なされ、跡にて晴信公おぼしめすまゝに、謀叛《むほん》をなされすまし給ふ事、偏に今川義元公の御分別故如《くだんのごとし》レ件。是とても又信玄公の御工夫不《くふうあさからず》レ浅候。信虎公次郎殿を惣領に可レ被レ成との儀、千万の御手ちがひにて候故、そのかみ新羅三郎公の御にくみをうけ給ひて、あの（前）ごとくに御牢人《ろうにん》かと奉レ存候。⑤前車《ぜんしゃ》のくつがへすを見て後車《こうしゃ》のいましめと申ならはし候へば、必勝頼公へあしき御分別なされざる様に御申上尤に候。扨《さて》又信玄公初陣《ういじん》の御覚《おぼえ》なる故に、平賀の源心をば石地蔵《じぞう》にいはひ、今にいたるまで⑥大門峠《だいもんとうげ》に彼地蔵（を）立をかれ候。刀は常に御弓の番処《ばんどころ》に源心が太刀とて御座候。武士はたゞ剛強なる斗《ばかり》にても勝はなきものにて候。勝がなければ名はとられぬ物にて候。信玄公のなされ置候事共を手本にあそばし候はで、たゞ勝たがり御名を取たがりあそばし候により、今度⑦長篠《ながしの》にて「も」勝利を失《うしない》、家老の衆みな御うたせなさるゝ事、勝頼公はわかく御座候、方々の分別のちがひ故也。我等相果《はて》候はゞ此書物を御被見《ひけん》候へかし。右⑧御父子の事、信虎公四十五歳にて御牢人也。信玄公十八歳の御時なり。「如レ件。」

天正三乙亥年六月吉日　　高坂弾正（昌宣）

（注）①庶子（伝）。嫡子以外の実子。しょし　②御申候（伝）　③義元の妻は信虎の女（信玄姉）　④今川氏真（一五三八—一六一四）　⑤「前車の覆《くつがえ》るは後車の戒」（漢書賈誼伝）。前人の失敗は後人の戒めとなるとの意　⑥長野県茅野市と小県郡長門町との境にある大門街道上の峠。一四四二メートル　⑦愛知県南設楽郡の村（今鳳来町）。長篠の戦は天正三年（一五七五）五月二十一日　⑧軍鑑はこの事件を天文七年とするが、『妙法寺記』・『高白斎記』等によって天文十年とするのが正しい。従って信虎四十八歳、信玄二十一歳である

## 著者

### 黒田日出男（くろだ ひでお）

1943年、東京都生まれ
東京大学名誉教授・群馬県立歴史博物館名誉館長。
文学博士（早稲田大学）。東京大学史料編纂所教授・同所長・同附属
画像史料解析センター長などを経て立正大学教授・群馬歴史館長などを歴任。


- 『日本中世開発史の研究』（校倉書房、1984年）。角川源義賞（第七回国史部門）受賞
- 『姿としぐさの中世史―絵図と絵巻の風景から』（平凡社、1986年／平凡社ライブラリー、2002年）
- 『境界の中世　象徴の中世』（東京大学出版会、1986年）
- 『絵巻 子どもの登場―中世社会の子ども像』（河出書房新社、1989年）
- 『王の身体　王の肖像』（平凡社「イメージ・リーディング叢書」、1990年／ちくま学芸文庫、2009年）
- 『謎解き　洛中洛外図』（岩波書店〈岩波新書〉、1996年）
- 『歴史としての御伽草子』（ぺりかん社、1996年）
- 『中世荘園絵図の解釈学』（東京大学出版会、2000年）
- 『謎解き 伴大納言絵巻』（小学館、2002年）
- 『龍の棲む日本』（岩波書店〈岩波新書〉、2003年）
- 『絵画史料で歴史を読む』（筑摩書房「ちくまプリマーブックス」、2004年／増補・ちくま学芸文庫、2007年）
- 『吉備大臣入唐絵巻の謎』（小学館、2005年）
- 『江戸図屏風の謎を解く』（角川学芸出版〈角川選書〉、2010年）
- 『源頼朝の真像』（角川学芸出版〈角川選書〉、2011年）
- 『国宝神護寺三像とは何か』（角川学芸出版〈角川選書〉、2012年）
- 『豊国祭礼図を読む』（角川学芸出版〈角川選書〉、2013年）
- 『江戸名所図屏風を読む』（角川学芸出版〈角川選書〉、2014年）

# 4 甲陽軍鑑

## 資料論―武田信玄の国家構想　黒田日出男著　抜粋

**こうようぐんかん　甲陽軍鑑**　武田信玄を中心とする甲州武士の事績・心構え・理想を述べた書物。……信玄家法、信玄一代記、信玄の軍法、裁判の記録などさまざまな伝承をふくんでいる。著者などについては、巻二〇をのぞく大部分を信玄の老臣高坂弾正昌信（虎綱）が天正三年（一五七五）および六年に記した体裁になっているが、これは後人の仮託であろうという見解が古くから行われている。現在のところでは、甲州武士の血を引き、また山鹿素行の軍学の師であった小幡景憲纂輯説がもっとも有力である。

ところで、学部生時代のわたしは、ある先輩から『甲陽軍鑑』は怪しげな軍学の書であり、とても史料としては使えない代物である、もしも使えば致命的であり、歴史研究者としてはやっていけなくなる、と教えられた。そうした『甲陽軍鑑』の位置づけと評価・評判は、この先輩だけのものでは決してなかった。言わば、日本史学界の「常識」のようになっていたとさえ言えるだろう。以来、わたしは『甲陽軍鑑』とは距離を置き、まともに読むこともなく今日に至ったのである。

しかし、「甲陽軍鑑考」(2)の威力は絶大であった。「東京帝国大学教授」田中義成「博士」の出した結論とされ、その権威によって、『甲陽軍鑑』は「史書」として失格の烙印が捺されてしまったのであった。

そのことを示す一例として、『甲陽軍鑑』の史料的価値を否定的に評価している論者ではなく、一九七〇年の市川文書の出現以後、その史料的価値を高く評価するようになった論者、上野晴朗の「甲陽軍鑑考」にふれた文章を紹介しよう。

この論説は、当時日本で唯一の官学の牙城である、東京帝国大学の史料編纂所の教授が、史料を吟味した上での研究ということであったので、近代的な学術論文として大いに注目され、この論文はその後、史学界に多大な影響をおよぼし、それまで高かった『甲陽軍鑑』の価値を、引き下げるもとになったばかりではなく、それ以後ずっと現代にいたるまで、史学者たちに強い影響をあたえてきたのである。(46『山本勘助』の一四・一五頁)

このように田中義成の小論は、じつは東京帝国大学教授・博士の権威によって『甲陽軍鑑』の史料的価値に決定的なダメージを与えることになったのであった。(16)

『甲陽軍鑑』の史料論―武田信玄の国家構想
二〇一五年二月二十八日発行
*
著者／黒田日出男
発行者／石田　亘
発行所／株式会社校倉書房
〒一六九-〇〇五一
東京都新宿区西早稲田一―一―三
電話〇三―三二〇三―四八五一
FAX〇三―三二〇三―四八五四
振替〇〇一一〇―八―七六四四八
定価：本体六〇〇〇円（税別）
印刷／三陽社
製本　渡邊製本
ISBN978-4-7517-4590-8　C3021　¥6000E

古代史家の**磯貝正義**は、武田信玄と『甲陽軍鑑』の研究者でもあり、服部治則と⑳の『甲陽軍鑑』を刊行した。それまでの『甲陽軍鑑』の活字本が万治版本によっていたのに対し、同書は最古の版本と当時はされていた明暦本を底本とし、かつ元禄十二年版行の『甲陽軍伝解』との異同を明らかにしており、また、詳細な注を付している。この時点での最良の『甲陽軍鑑』のテキストであり、第Ⅱ期の大きな達成であった。以後、『甲陽軍鑑』と言えば、この磯貝らの校訂した⑳がもっぱら利用されて今日に至っている。

a　とにかく『甲陽軍鑑』は、元服も任官も結婚も、そして初陣まで天文五年のこととして〝晴信〟の門出を飾ろうとしている。この初陣説は、そうした意図に出た『軍鑑』の創作の疑いが濃厚である。（一一一頁）

b　また、晴信が出家して信玄と号した年月についても、『甲陽軍鑑』（品第四、第三十）や系図等は、天文二十年二月十二日、晴信三十一歳の時であるとしているが、これも疑わしい。（一一一頁）

高名な歴史家の周知の歴史学入門書において、このように、「偽書」「偽作」であると断定されていることが、恐らく先輩の忠告の根拠であったのだろう。やがてわたしも、今井登志喜の『歴史学研究法』を二度、三度と読み、危うい文献であるとの認識を確認することになったのであった。

近代歴史学によって、このように「偽書」「偽作」と断定されてきた経緯のある『甲陽軍鑑』であるから、研究者たちが忌避ないし及び腰の姿勢にならざるを得なかったのは無理からぬことではあった。

そこでわたしは、他の研究者と同様に、磯貝正義・服部治則校注『甲陽軍鑑』上・中・下（新人物往来社、一九六五年）を読むことから出発した。丁寧に読み込みはじめて一驚した。なんと魅力的な内容のテキスト＝史料であることか、と。熟読の結果としての、わたしの率直な感想であるが、『甲陽軍鑑』は、恐らく〈十六世紀史〉研究のための最良の史料の一つではあるまいか、そう感じたのであった。

とすれば、こうしたわたしの感想・感触と、未だに歴史学の世界を覆っているかに見える『甲陽軍鑑』に対する不審・疑念との間の矛盾をきっちりと解決・解消していかなくてはならない。それを真正面から行うことなしには、『甲陽軍鑑』を有効・有用な史料として利用することはできないだろう。

日本史研究者たち、とは言っても戦国史研究者であるが、そのほとんどは、『甲陽軍鑑』を中途半端に利用している。その態度は「つまみ食い」と言うべきものであろう。本気で〈十六世紀史〉を研究しようと思うのなら、『甲陽軍鑑』の史料論を突き詰めて行うことは、戦国史研究者たちの「責務」なのではあるまいか。

しかし管見では、県・市・町・村で編纂している自治体史において、『甲陽軍鑑』をまともに採録している『資料編』・『史料編』は少ない。これでは、『甲陽軍鑑』は生殺し状態のままにされているだけである。

そもそも、今井登志喜の述べているように、『史学雑誌』等ですでに多くの厳密な考証がなされていて、『甲陽軍鑑』が偽書もどきであることは、とっくの昔に証明済み（決着済み）なのであろうか。極めて疑わしい。

わたしの読解と判断がもしも妥当であるならば、『甲陽軍鑑』は極めて豊穣なテキストであり、〈十六世紀史〉に新たな展望を切り開く可能性を秘めている史料の一つである。そのような判断に行き着いたわたしにとっては、『甲陽軍鑑』がこのような状態に置かれたままでいることを、座視できなかった。

# 5　歴史文献の探求

【甲陽軍鑑・信玄初陣】

## 佐久市志

歴史編(二)中世　平成五年七月二〇日発行
第五章　室町時代の佐久武士　補説　平賀玄信研究史考　抜粋

### はじめに

佐久の人びとが戦国時代に話題を向けたとき、必ずでてくるのが「平賀玄信(源心)」である。戦国時代に村上氏や甲斐武田氏に蹂躙《じゅうりん》された佐久人にとって、平賀玄信は郷土の抹殺された英雄として語りつがれているのである。たとえば吉沢好謙の『四鄰譚薮』では「成頼入道玄信、平賀城主也、近国にて大剛の勇名有り、世に七十人力といえり、云々」と英雄視しており、同時代の瀬下敬忠の『千曲之真砂』の記述も同様である。このような玄信観は近代にはいっても基本的には受けつがれている。大正八年刊の旧『南佐久郡志』では、玄信の出自その他に批判を加えつつも、大筋では吉沢・瀬下の記述を踏襲しているが、注目すべきことはその「歴史編」において、「何れにせよ平賀成頼の勃興は佐久の歴史にありては一大史疑にして、興味ある題目と言い得べし」としていることである。興味の有無は別として、平賀玄信は現在もなお、佐久の中世戦国期における「一大史疑」であることには、変わりはない。

太平洋戦争後、いち早く刊行された『北佐久郡志　歴史編』(昭和三十一年三月刊)は、南佐久郡域にかかわる歴史叙述は少ないが、それでも平賀玄信のおかれた歴史的状況については、「佐久衆」が平賀玄信を盟主として村上氏後援のもとで武田勢に対抗したとして、近世以来の見解から一歩前進を示した。

ところが、昭和四十四年刊の『平賀村誌』および同六十年刊『南佐久郡誌　古代・中世編』では、菊池清人氏によって平賀玄心架空説が提起された。近世の郷土史家から昭和の『北佐久郡志　歴史編』に至る玄信実在を前提とした研究の発展とまったく逆行する方向のものである。この玄信架空説に強い衝撃を受けたのは歴史研究者よりも、玄信を郷土の隠れた英雄として受けとめてきた郷土史愛好者たちであったといえよう。玄信架空説を契機に郷土史愛好者たちは、玄信実在の根拠を求めて佐久郡内はもちろん、山梨県下にも脚をのばして関係遺跡の調査にとりくみ(写80)、

また耳取（小諸市）玄江院の過去帳から玄信の戒名を探しあて、大井系図内に位置づけることができたとする人もでてきた。

郷土史愛好者の地道の研究調査にもかかわらず、玄信実在の直接根拠になるような事実は発見されたとはいえない。しかし熱心に調査を深めた人たちの脳裏には、これほどの伝説的遺跡や二次史料があるのに、なぜ架空であるのかという疑問は、深まればとてこれを容認する方向にはなっていないであろう。

### 実在説の文献

①『甲陽軍鑑』　これまで平賀玄信と、一般に通用している呼名を使用してきたが、正しくは平賀成頼で、入道して玄信（源心）となり、武蔵守・左京大輔の官職名がある。玄信の存在に関する第一の文献は、かれと直接かかわった可能性のある高坂弾正虎綱の遺記『甲陽軍鑑』ではあるが、討死に関する記事を、武田晴信初陣の功として記しているだけである。天文五年（一五三六）十一月、武田信虎は平賀玄信法師が加勢のために籠居している海ノ口城へ攻撃をかけたが戦果あがらず、年もつまった極月（十二月）二十六日、帰国のうえ明春を期すことにした。初陣として参加した武田晴信（信玄）は、望んで殿《しんがり》となり、二十八日の早暁取って返えして城を急襲して攻略し、討ち取った玄信の首を持ち帰って父信虎に献じた（「品第三」写82）。

『甲陽軍鑑』でもう一つ注意したいことは、その「品第十四」のなかで、一種の評論として、

さて又いづれの家にても、勝利を失い給う大将をば、諸人誉《ほめ》ながらかろく存ずるぞ、まづ信州平賀成頼、いかばかり覚えの名大将と申したるげに候えども、武田二十六代目信虎公に討ちまけ討死すれば、其の名は申し伝えず。

と書いていることで、武田氏の占領下において、玄信の名が抹殺されてしまったことを暗示している。

②『寛永諸家系図伝』　徳川幕府が寛永二十年（一六四三）に完成させた最初の大名・旗本・諸家の総合的系譜である『寛永諸家系図伝』では、平賀玄信を大井貞隆の弟とし、つぎのように記している。

信州平賀の城に住して、平賀玄信と号す、玄信勇力諸人にすぐれ、このみて長劔をはく、その劔のながき四尺八寸左文字の刀なり、他行の時はこの刀を下人にもたせてあとにしたがはしむ、戦場におもむくときはみづから是れをはく、時の人玄信がひだり太刀という、

貞隆と信虎と合戦の時は、かならず玄信を先がけとす、（中略）玄信戦場に出るときは諸将を下知して、玄信先がけとなり、退くときはしつ《(尻)》はらい（しんがり）たり、その一代の武勇あげてかぞうべからず、そののち海野口において合戦のとき討死す、武田信玄その武威を感じて石地蔵を大門峠にたてて、玄信をまつる、（下略）

成頼入道玄信平賀城主也、近国にて大剛《(強)》の勇名有り、世に七十人力といえり、永正十二年両国の士を引卒し、甲州に乱入しにら崎に戦う、其の後大永・享禄・天文の間たがいに出張して乱取りす、左京太夫信虎・佐久郡に乱入し臼田・伴野等を追討、岩村田に入り、此の辺争いのちまたとなる、岩村田の律宗を焼き寺僧六十余人一塵の煙となす、天文五年十二月、平賀入道終に戦死 海尻城戦死一云平賀城云

（中略）平賀雑伝云う、其の先清和源氏、平賀武蔵守義信の二男小野三郎朝信、後胤也、云々

ここではじめて平賀玄信が単に七十人力の勇者であったということにとどまらず、かれの生きた時代と行動が描きだされた。寛正・応仁のころ（一四六〇〜六八）に急成長した村上氏が、小県・佐久の諸将を降し、佐久の「郡主」的位置に立った。そうした諸将のなかで、平賀玄信は「佐久・小県の魁将」として、永正十六年（一五一九）には甲州へ乱入し、また佐久郡に乱入した武田軍と戦っていたのである。そして天文五年（一五三六）十二月には戦死した。したがってかれの史上での活動はせいぜい二〇年前後ということになる。

平鹿城主玄心墓

1837年建之、平賀入道玄心墓

# 平賀村誌

昭和四十四年十一月三日発行
第三節　室町時代・安土桃山時代　抜粋

第三章　武士の世の中（封建社会）　九七

六　平賀源心について

「甲陽軍鑑」には「海野口城攻、付信虎牢浪の事」という題で、有名な信玄初陣の話がのせてある、それを口語訳する。

「天文五年丙申十一月二十一日、信虎公は甲府を打立ち信州へ出陣された。信州海の口という城を三十四日間包囲したが、大雪ゆえその城をおとすことができず、十二月二十六日に信虎公は甲府へ引揚げた。子息晴信公はしんがりとなつて後から退去したが、甲府へは行かず途中からもとの海の口へ引返した。その軍勢は三百ばかり、急襲して城を陥れた。父信虎公が八千の兵でおとすことのできなかつた城である。これは信玄公十六才の、しかも初陣のお手柄である」

戦死した源心の首は山梨県北巨摩郡若神子の道ばたに埋めたが、これは信玄が初陣に大功を立て、源心の首を持ち帰り父に戦勝を報告したところが、なぜか父信虎は勝利を喜ばなかつたので、この地に源心の首を埋めたという。なお胴は平沢峠の頂上にうめたといわれ、そこに胴塚とよばれる塚がある。

現在山梨県北巨摩郡須玉町若神子《わかみこ》の中程に、江戸時代の中頃にたてた全長六十センチメートル程の小さな石塔に「平鹿城主玄心墓」ときざまれた墓があり、その左側には普通の大きさの墓で、天保七丙申（一八三六）六月二十八日に再建した「平賀入道玄心墓」とかいた墓碑がある。右には天文十五年（五年の誤りか）十二月二十八日と刻んであつた。

戒名は三つあり、一つは若神子の東漸寺の「大命院殿承天義寵大居士」とあるもので、二つめは若神子の正覚寺にあり「元信院平賀求堅大居士」と書いてある。三つめは平賀上宿の大林寺にあり「玄信院殿雄山道英大居士」で奥方は「正蓮院湖月妙智大姉」と記されている。戒名《みょう》が三つもあるということは、どうした事であろうか。位牌《はい》は大林寺にある。

院殿や大居士の字を使うようになつたのは江戸時代になつてからである。

なお小諸市耳取の玄江院にある過去帳には、玄信院殿雄山道英大居士　天文五年丙申十二月二七日

平賀城主大井源貞清公、遺骸葬満福寺とあり、城主を消して横に玄心入道と書き加えてあり、また貞清を消して貞親と書きなおしてある。貞清・貞隆については次にのべる。なお「寛永諸家系図伝」には玄信として貞隆の弟になつている。

以上の天文五年（一五三六）海の口城で、平賀源心が武田信玄に敗れて戦死したという話は、次のようなうたがわしい点がある。

① この話が書いてある「甲陽軍鑑」という本は、うその事が多く信用できない。（田中義成博士「甲陽軍鑑考」）

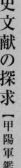

編集にあたつて当初より問題になつたことは、平賀城主源心公のことであつた。編集部としては源心公に関係ありと伝えられる村内大林寺・小諸市耳取玄江院・山梨県若神子・柳平・南牧村野辺山等に出向いて古蹟、古文書の調査にあたつてみたが、残念ながら源心公に関係のある古文書は一片も見つけることができなかつたことを付記しておく。

村誌刊行会発足以前からこのことに深い関心をもち、事業の推進に努力を払つてくださつた方に、平賀小学校の臼田都雄・菊池清人の両先生がある。臼田先生は教頭職の激務のかたわら古文書・史蹟の調査等について、所蔵家への連絡打合せ、会長・編集部員との連絡に当られ仕事の円滑な進行に寄与してくださつた。また菊池先生は村誌編集の経験を生かし編集の中軸となつて、たゆまぬ努力を払つてくださつた。末筆ながら両先生に対し、敬意と感謝の意を表わしあとがきとする。

（編集部長　江元石雄）

平賀村誌

昭和四十四年十月二十五日印刷
昭和四十四年十一月三日発行　〔非売品〕

編集者　平賀村誌刊行委員会編集部
代表者　江元石雄

発行者　長野県佐久市平賀一八九七
平賀村誌刊行委員会
代表者　田中武紀

印刷所　長野市旭町一〇九八
信教印刷株式会社

# 南佐久群誌

古代・中世編

昭和六十年九月一日発行
第五節　戦国時代　抜粋

**平賀源心海の口城で戦死**

『甲陽軍鑑』には「海の口城攻め」について有名な武田信玄の初陣のことがのっている。それによると「天文《てんぶん》五年（一五三六）十一月二十一日、信玄の父信虎は信州へ出陣し、佐久郡海の口城に平賀源心を攻めた。しかし城の守りがかたくその上大雪が降った上年末になったので、十二月二十六日に信虎は甲州へ引きあげた。信虎の子晴信（後の信玄）は一番最後に退いたが甲府には帰らず、夜中に急に軍をかえして海の口城を襲ってこれを攻め取った。これが信玄十六歳の初陣における手柄である。」と。

『武田三代軍記』になるとこの海の口城の戦いの様子がさらにくわしく書いてある。すなわち海の口城には七十人力といわれた剛力の平賀源心が手勢三千人をひきいてたてこもっていた。武田信虎は天文五年十一月下旬、兵八千を率いて海の口城を囲んだ。たまたま大雪が降ること尺余（三十数センチ）、寒さきびしく、加うるに歳末に当っていたので十二月二十七日に甲州に兵を帰した。晴信は殿軍（しんがり＝本隊の退却を守る兵）を希望し兵三百余と共に踏み留まって本隊の撤退を守ったが、夜半海の口城にひきかえして城を襲った。海の口城では武田の全軍が退いたので、援軍の将は部下を率いて郷里に帰り、城にはわずか百人足らずの兵が残っているだけであったが、不意を討たれて討死する者多く、平賀源心もついに討たれてしまった。

平賀源心の胴は平沢峠に埋め、首は山梨県北巨摩郡若神子《わかみこ》の道ばたに埋めたという。甲府に帰って父信虎に平賀源心を討ったことを報告したところ「海の口城を乗取ったなら、そこにこもって敵に当るべきである。城を捨てて甲府に帰るのは臆病者のする事である」と叱り、この手柄を喜ばなかったという。

現在若神子部落の中央に、江戸時代の中ごろに建てた全長六十センチほどの小さな墓があり「平鹿城主玄心墓」という字がきざまれている。その墓の左側にはこれより大きい天保七年（一八三六）六月二十八日に再建した「平賀入道玄心墓」と刻んである墓がある。その墓石の右には天文十五年十二月二十八日という字がほってあるが、天文五年の誤りであろう。戒名《かいみょう》（仏につける名）は佐久市平賀大林寺のものは「玄心院殿雄山道英大居士」で、若神子の東漸寺と正覚寺にもそれぞれちがう三つの戒名がつけられている。そのほか若神子には平賀源心の妻と子の墓もあるということである。なお小諸市耳取の玄江院過去帳には大林寺と同じ戒名があり、それには「平賀城主大井源貞清公、遺骸を満福寺に葬る」とあり、その城主という字を消して横に玄心入道と書き加えてあり、また貞清を消して貞親と書きなおしてある。これは大井貞清が平賀源心であるという後世の書き加えである。大井貞清は当時内山城主であり、大井貞隆は小県郡長窪城にいた実在の人である。なお『寛永諸家系図伝』には、玄信として大井貞隆の弟になっている。また玄江院にも源心の墓がつくられているという。

平賀玄心の墓

この平賀源心については正確な古文書が発見されていないためにいろいろの説がある。第一は平賀源心が海の口城で戦死したという説で、第二は源心が海尻城で戦死したという説である。この説をとる人は海尻の井出英作氏等であり、『四鄰譚藪』でも吉沢好謙は「天文五年十二月平賀入道海尻城戦死」としている。第三に平賀源心は玄江院の系図などからして大井源心であるという説がある。第四に平賀源心は平賀城で戦死したという説があるが、これは根拠が最もうすく不確実である。第五に平賀源心は架空の人物であるという説で、郷土史家の間ではこれが最も有力であるので、これについてくわしくのべてみよう。

## 平賀源心は架空の人物

### ①甲陽軍鑑と妙法寺記

この武田晴信が海の口城で平賀源心を討ったということが書いてある『甲陽軍鑑』という本は、正確なところもあるがそれは一部分で、大部分は誤ったことが書いてある本である。（田中義成博士『甲陽軍鑑考』

南佐久郡誌　古代・中世編
昭和六十年九月一日発行
編集　長野県南佐久郡誌編纂委員会
発行　長野県南佐久郡誌刊行会
南佐久郡臼田町臼田二二〇五
制作　第一法規出版株式会社
東京都港区南青山二―一一―七
信越支社　長野市岡田町一七六

# 須玉町史

須玉町史・平成十四年発行（三五三頁〜）

一　晴信の初陣と平賀源心

## 『甲陽軍鑑』の海ノ口城攻略戦

さて、英雄に奇瑞や有能さを示す事績が伝承・伝説として語られることが多いのが通例であるが、信玄も例外ではない。『甲陽軍鑑』は武田信玄の事績を小幡景憲が集大成した軍学書で、この中には偉人としての信玄を伝える話が多く取り入れられているが、虚構も多いといわれている。晴信の作戦により初陣で海ノ口城を陥落させたというのもその一つである（古代・中世294）。

天文五年一一月、信濃の海ノ口城を信虎は攻めたが、城には加勢の平賀源心を始めとして兵三千ほどが立籠り一二月になっても容易に落ちない。年末で、大雪でもあるから敵に追撃されることもあるまいとして、一旦帰国し来春を期すことにした。その時、晴信は「追撃もないのに殿《しんがり》を望むとは」と信虎にあざ笑われながら、最後尾を務めることになった。三百の兵を与えられた晴信は、明日早朝四時に出立するからと腹拵えや準備を十分させた上、翌朝城に取って返した。城では敵が引き上げたというので兵を皆家に帰し七〇〜八〇人しか残っておらず、源心は四尺三寸計りの刀を使う大力の持ち主で豪強の武者として知られていたが、晴信に討ち取られ、落城した。

その報告を聞いた信虎は、「落城させたのなら、占領したままで使者をよこせ」と城を捨ててきたことを難詰した。

晴信は大門峠に石地蔵を造って源心を供養し、また記念として源心の刀を躑躅ヶ崎館の御弓の番所に保管している。

以上が初陣話の大要で、囲みを解けば敵も油断するから城を落とせると見抜いた晴信の鋭さを称揚するとともに、信虎が晴信の行動を責めている点を暗に非難している。信虎との対比の中で晴信の優秀さを強調する形になっているが、単にそれだけではなく、この話そのものが晴信が親の信虎を駿河に追放した話の一部を構成しているところから、追放の原因を次男信繁を愛し晴信を排斥した信虎の方に求めようとする軍鑑の作者の意図が窺えるように思われる。

したがって、武田軍の佐久郡侵攻という点だけに関していえば天文五年の攻撃は成り立ち得ることになるが、次の理由により軍鑑の海ノ口城攻めは史実とは認められない。

①当時の他の史書にまったく見えないこと

もちろん、史実だからといってすべての史書に必ず記載されるわけではない。天文九年の佐久侵攻が『勝山記』にはあるのに『高白斎記』にはなく、一〇年のそれが『勝山記』になく『高白斎記』に見えるように。しかし、記される可能性のある史書がいくつかあるのにいずれにも記載されず、載るのは成立が軍鑑よりも後のもので内容も軍鑑の焼き直しに過ぎないのは異例である。

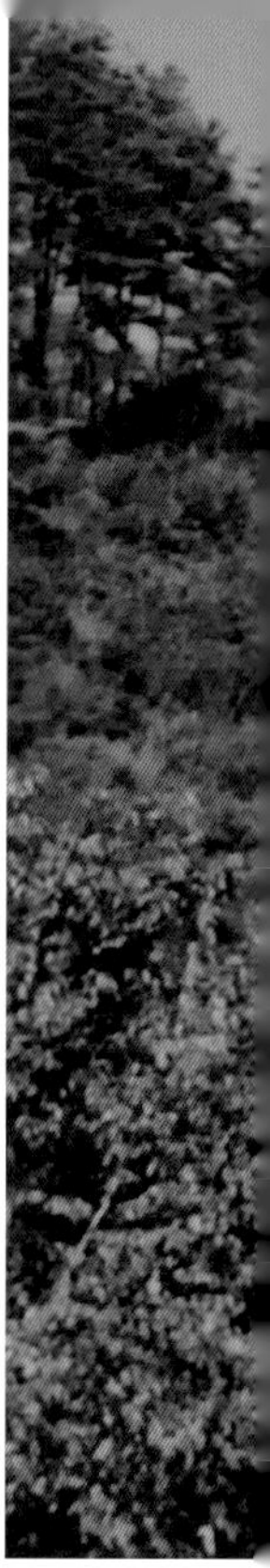

須玉町史　通史編　第一巻　序編 原始・古代 中世 近世

平成十四年三月一日　発行

編集　須玉町史編さん委員会

発行　須　玉　町
山梨県北巨摩郡須玉町若神子二一五五
電話　〇五五一（四二）二一一一

印刷　山梨日日新聞社
山梨県甲府市北口二丁目六－一〇
電話　〇五五（二三一）三一〇五

②侵攻行為が継続されていないこと

信虎は天文四年には諏訪氏と和睦、五年六月には自分の推す今川義元が駿河守護になり翌年娘が婚姻、七年には北条氏とも和睦するなど対外関係は良好で、国内にも紛議は生じていないから、天文五年に侵攻を開始したとすれば、継続的に兵を送るべきと思われるのにその様子がない。

③天文五年に海ノ口城を攻撃する理由がないこと

②とも関連するが、同城を落とすためだけに出兵したとすれば城主の反乱とか特殊な理由があるべきだが、軍鑑は触れておらず、またそれらしい状況が他の史書にも窺えない。

④一一月の出兵は異例であること

雪の多い信濃に対しては食糧確保や行軍の困難さなどからであろうか、特別な理由がない限り武田氏は冬に向かって出兵していない。一一月から年末までの二か月の出陣は例が多くない。

以上のような点からして天文五年の海ノ口城攻めが史実でないことはほぼ間違いない。信虎の追放を天文七年三月とする軍鑑の作者は、義元に信虎を引き取らせたのは晴信の策略だったとしている。愚鈍を装っていた晴信が、実際には優秀だったことを証明するために初陣の功名を考え、初陣にふさわしい元服直後の天文五年一一月に挿入したのではなかろうか。

**平賀源心についての疑問**

さて、もう一つの疑問は平賀源心の存在である。軍鑑の信憑性のなさから源心は架空の人物だとされてきたが、近年その実在を主張する説が発表された（山崎哲人「平賀成頼（源心・玄信）について」『信濃』四一―七）。

平賀氏は鎌倉時代以来の名族である。平賀城（長野県佐久市）が本城だったというから、海ノ口城には加勢で入ったという軍鑑の記述はその意味では合理的で、源心は海ノ口城主ではなかったことになる。先に引用した『四隣譚藪』では永正から天文までしばしば信虎と源心が戦い、永正一六年（一五一九）の韮崎合戦は若神子での戦いだったともいう。佐久往還の要衝にある若神子に佐久の豪族が攻め込むのは過去の例をみてもあり得ることではあるが、甲州側には若神子合戦を伝える史料はない。

源心の実名が成頼であることは前記新説の主張するところであるが、成頼自身も近世の地誌にしか見えない。ただ、『四隣譚藪』が源心最後の地を海尻城とも平賀城とも伝えていることは注目できる。これは軍鑑にはない所伝があったことを示すものであり、源心が軍鑑により創作された人物ではないことを間接的に証明するもので、源心が実在の可能性の余地を与えるものといえよう。

しかしながら、軍鑑に記される源心の天文五年死亡説が前述したようにまったく可能性がないにもかかわらず、若神子の墓所は天文五年一二月二八日に源心を戮したところとされ（『甲斐国志』巻四七）、また、平沢峠に胴を埋め、若神子には首を埋葬したので首塚とも伝える。正覚寺と東漸寺（ともに若神子）に残る位牌のうち、正覚寺には年号はないが東漸寺のものには「天文五年十二月念七日」と記されていて明らかに軍鑑の記事に基づいての所伝によるものと考えられる。源心の実在の可能性は絶無とはいえないが、史料的に確認できる段階に至っていない。

# 若神子村誌

昭和三十三年三月三日発行四一〇頁～

## 平賀玄心の墓

若神子宿の北端佐久往還に沿うて東入の所にある。一坪位の地域を区劃して石積をなし、その中に新旧二基の石塔が並べて建てられてある。一基は野石で、塔の高一尺四寸、幅七寸五分、厚四寸五分、総高二尺、面に「平鹿城主玄心墓」と刻みつけてある。一基は角石塔で、塔身の高二尺、幅九寸、横八寸、総高三尺八寸、塔面に「平賀入道玄心墓」、兩側面に、天文五年十二月廿八日、天保七丙申歳六月廿八日建之、当所執事、成島文右衛門栄寿、堀込傳兵衛是則と刻まれてある。

平賀玄心の墓

武田信玄が初陣の功名として、平賀玄心の首を討取つたことは余りにも有名な逸話である。甲斐国志に、路傍に在り、地を玄心田と名ずく、天文五年十二月二十八日、此処で殺された。正覚寺に位牌があつて、元信院平賀求堅大居士と記されてある。玄心は信州の士で、軍鑑に、源心は強力七十人に当り、この時海ノ口へ加勢に来て、晴信のために殺された。晴信初陣の功名であるから、源心を地蔵に祭り、大門嶺に立て、刀は御弓の番所に源心の太刀と云ふて傳へられて居つたとのことである。

甲陽軍鑑品第十八、海野口城攻、付信虎牢浪之事の条に左の如く述べて居る。

天文五年丙申十一月二十一日、信虎公甲府を打立、信州へ御働きの時、信虎まきほぐし給ふ、信州海野口といふ城を、三十四日まきつれども、大雪故、信虎勢、彼の城を責め落すことならずして、同十二月二十六日に、甲府へ信虎公御馬を入れ給ふ。子息晴信公、しんがりとありて、跡にさがり、甲府へはゆかずして、本の海野口へもどり、其勢三百許りにて、御父信虎八千の人数にて、叶はさる城を、のつとり給ふ。これ信玄公十六歳にて、信濃守大膳太夫と申す時、しかも初陣の御てがら如此。（原文）

正確なる史料の裏付がないので、俄にこれを断定することは差控ねばならないが、一般の定説として云傳へられて居る以上は、その反証のあがらない限り、暫らく是認せねばならない。尚、玄心、源心、元信と三様に書するも源心が正しいようである。源義光の三男、平賀冠者盛義から出でて、代々信州佐久郡平賀城龍岡城に居り、平賀氏を称し、源心の時に海野口城危しと聞くや、その応援に来て哀れ最期を遂げたものである。

信玄十六歳初陣の功・平賀玄心之墓

若神子村誌・昭和三十三年三月三一日発行


昭和三十年三月廿五日印刷
昭和三十年三月卅一日発行　（非売品）

編纂兼発行者　岩下万次

印刷人　清水文造

甲府市紅梅町十二番地
印刷所　ヨネヤ印刷合資会社

山梨県北巨摩郡若神子村若神子一、三九六番地
発行者　若神子村役場

## 出典: フリー百科事典『ウィキペディア(Wikipedia)』

### 平賀玄信 凡例

| | |
|---|---|
| 時代 | 戦国時代 |
| 生誕 | 不詳 |
| 死没 | 天文5年12月26日(1537年2月6日) |
| 改名 | 大井成頼→平賀成頼→玄信(法名) |
| 別名 | 平賀玄心、平賀源心、平賀源信(別表記) |
| 官位 | 武蔵守 |
| 氏族 | 信濃源氏小笠原流大井氏→源姓義光流平賀氏 |
| 父母 | 父:大井忠孝 |
| 兄弟 | 忠重、忠次、貞隆、成頼(玄信)、貞清 |
| 子 | 政勝、清恒?、女子(冷泉隆豊室?) |

平賀　玄信(ひらが　げんしん)は、戦国時代の武将。信濃源氏小笠原氏の庶流大井氏の庶流・岩村田大井氏の出自で、信濃国佐久郡平賀城主。岩村田大井氏の一族平賀氏を継いで平賀城主となる。元々平賀氏は鎌倉時代に源氏門葉とされた清和源氏義光流の名門だったが、鎌倉時代に絶えている。その後は在地の氏族が名乗っていたと思われ、文安2年(1445年)以降は大井氏の一族とされている。尚、「玄信」は法名であり、実名は平賀成頼(しげより)というが、以下本文中では前者に統一する。

### 生涯

大井氏の先鋒として甲斐国守護の武田信虎と争ったという。信虎は天文4年(1535年)に諏訪氏と和睦し、翌年天文5年には駿河国の今川義元と甲駿同盟を結び佐久郡侵攻を本格化させる。『甲陽軍鑑』によれば天文5年10月に佐久侵攻が行われ、玄信は海ノ口城で武田勢に包囲されるものの一ヶ月あまり防戦し、武田勢を断念させたという。この海ノ口攻めは信虎の嫡子である晴信(のちの信玄)の初陣であったといわれ、『軍鑑』では晴信の奇策により落城し、玄信は討死したという。晴信は玄信の武勇を讃え、塚を建てて供養している。また玄信の所持していた左文字は後に信玄の子・勝頼に伝わったという。一般に初陣記事は伝承化した内容を含むことが多く、海ノ口攻めは『軍鑑』のみに記され信玄が後世に英雄視されていることからも疑問視されており、玄信不実在説もある。一方で、近年は山崎哲人が近世の地誌類や在方文書の平賀氏関係記事を検討し、玄信の実在性を強調している(『平賀成頼による佐久郡支配について』『信濃』)。山梨県北杜市若神子に首塚、長野県南佐久郡南牧村の平沢峠に胴塚がある。江戸時代後期の平賀源内は、玄信の後裔と自称した。

長野県の芸術･文化情報センター

## 公益財団法人八十二文化財団

### 平賀源心の胴塚　ヒラガゲンシンノドウヅカ

| | |
|---|---|
| 史跡 | |
| 指定区分･種別 | 村－指定－史跡 |
| 内容 | 史跡その他 |
| 指定年月日 | 昭和 47/10/14 |
| 時代区分 | 時代区分不明 |
| 年代 | |
| 作者 | |
| 所在地 | 南佐久郡南牧村平沢雪久保 |
| 寸法･材質･形状 | |

**概要解説**　天文5年（1536）に、海ノ口城で平賀源心を討ち取った初陣の武田信玄（晴信）が、源心の胴を埋めたとされる場所である。埋めた理由に関しては、戦死した源心の体があまりにも重かったためとする説がある。また、信玄が源心の武に感じ入り、石地蔵を建て、まつったという説もある。平賀源心は70人力の大剛強の兵者で、4尺3寸（約130センチメートル）の刀を使っていたと言われている。なお、信玄初陣の話は伝承化及び英雄視されたものであり、平賀源心の存在自体も疑問視されている。交通案内　JR小海線野辺山駅から車で10分徒歩1時間

# 佐久の史跡と名勝

菊池清人　著　抜粋

天文五年（一五三六）十一月下旬、武田信玄（晴信）の父武田信虎は、甲州勢八千余をひきいてこの城を攻めた。城には強剛七十人力と称された平賀源心が加勢にきており、固く守っていた。そのため武田軍の攻撃は一か月余に及んでも城は落入らなかった。そのうちに年はつまって十二月二十六日ともなり、加えて大雪が降りさすがの信虎も攻めあぐみ、臣下の言を聞いて甲州に引きあげた。時にその子晴信（信玄）は年わずかに十六歳、父に従って初陣《ういじん》として出馬していたが、父が甲州に帰ろうとするや、願って殿軍（しんがり）の大役を勤めた。二十七日父の軍が遠く去るまでそれを守っていた晴信は、手勢三百ばかりであったが、夜中に急に引きかえして海の口城を攻めた。部下を家に帰して小勢だった為、平賀源心は討ち取られた。これは伝説で事実ではない。

佐久の史跡と名勝　千曲川文庫⑯

平成4年7月25日　発行
平成6年12月12日　第三刷

著者　菊池清人
発行者　中沢道保

発行所　株式会社　櫟〈いちい〉

〒384-01　長野県佐久市中込1丁目21－1
電話（0267）63-0018番
振替　長野6-10167番

明光プロセス・渋谷文泉閣・臼田活版株式会社
（落丁、乱丁はお取替えいたします）
ＩＳＢＮ4-900408-38-7　C0026

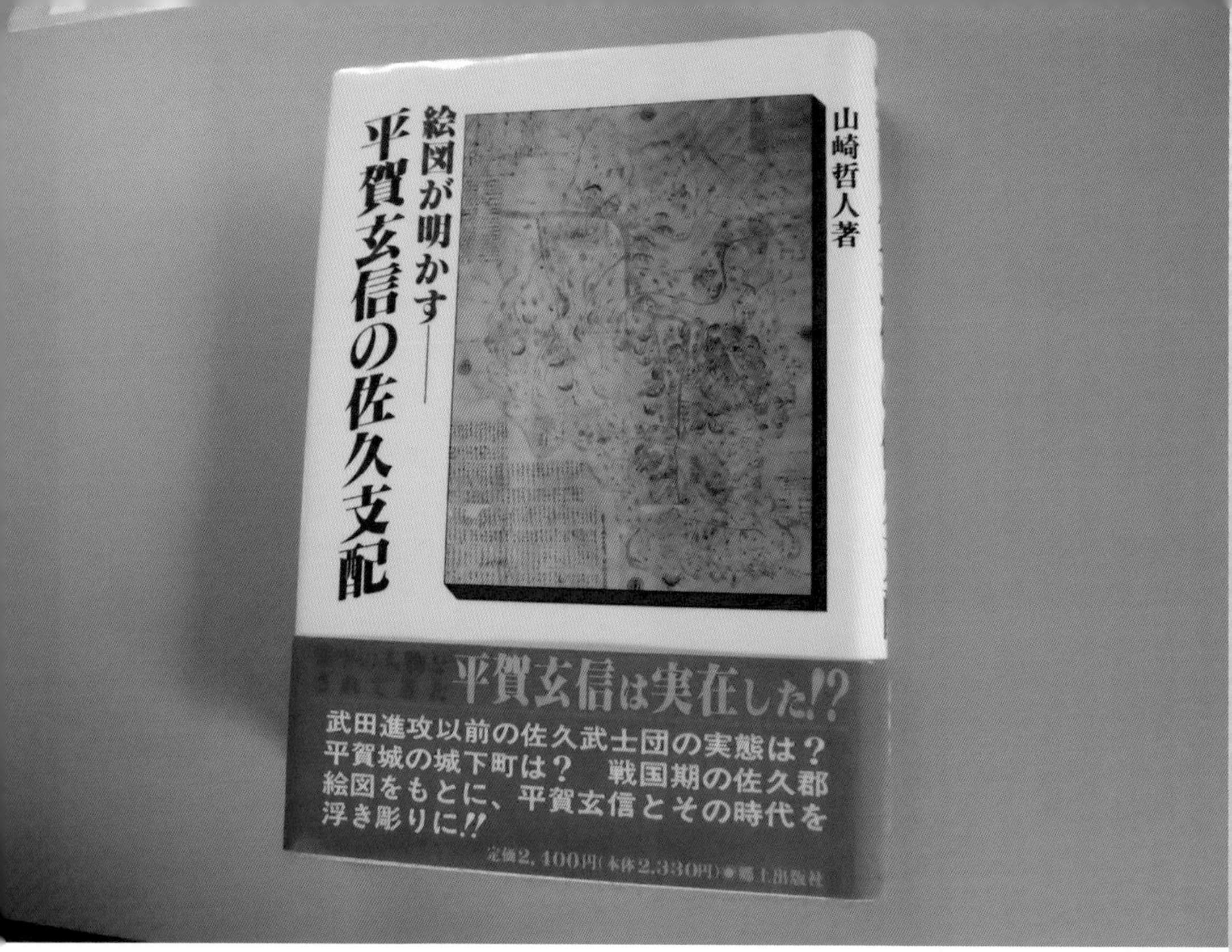


# 武田氏の信濃支配・笹本正治 著 五十頁――

第二章武田信玄の信濃侵略。二佐久地方の平定　抜粋

（1）『甲陽軍鑑』には、武田信玄の初陣として天文五年の平賀源心攻めが挙げられている。この合戦についてはおおむね否定されてきたが、山崎哲人氏は「平賀成頼（源心・玄信）による佐久郡支配について―村上氏との関係を中心に―」（『信濃』第四一巻七号・一九八九）で、近世の村方文書を正当に評価すべきだとし、絵図などから平賀成頼は村上義清の武将として佐久を支配したと結論付けた。しかし、近世の絵図が戦国時代の状況を伝えるという根本的な証明はなされておらず、村上義清の評価も高すぎると思う。私としては『甲陽軍鑑』に見えるような平賀源心は存在しなかったと考える。

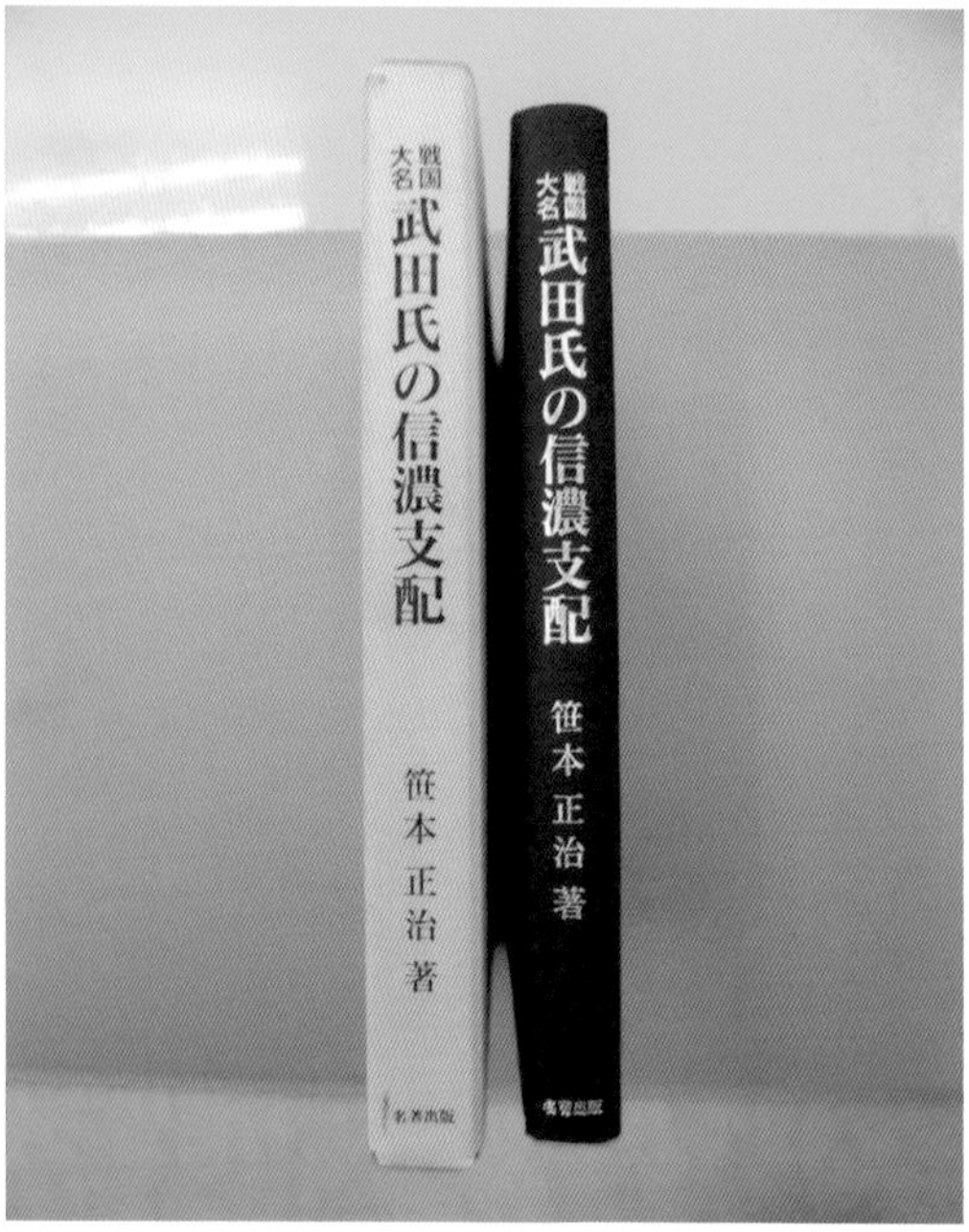


戦国大名《せんごくだいみょう》 武田氏《たけだし》の《の》信濃《しなの》の《の》支配《しはい》

1990年(平成２年)11月26日　第１刷 1000部発行　定価4800円（本体4660円）

著　者　笹本 正治 ©

発行所　株式会社名著出版　〒112 東京都文京区小石川3-10-5　電話03-815-1270

発行者　岩田　博　編集製作担当者　岩田　博

組版：写研　印刷：藤原印刷　製本：辻本製本

ISBN4-626-01392-9 C3021 P4800E　Printed in Japan

# 武田信玄の曹洞宗支配と北高禅師　芝辻俊六　抜粋

信虎は、天文四年（一五三五）九月には再び諏訪氏と戦い、諏訪社神長官守矢氏の仲介で一旦和睦を結んでいる。諏訪氏の背後には、小笠原・木曽・村上氏らの有力国衆が控えていたからであって、和睦後は、こうした有力国衆のいなかった佐久郡への出兵が具体化していった。信虎は天文十年（一五四一）六月の隠退時までに、少なくとも三度は佐久郡に出兵し、ほぼ北佐久郡の南半分位までを制圧している。まず天文五年（一五三六）十月の出兵であるが、この記事が『甲陽軍鑑』(6)にのみしかみられないところから、これを疑問視する意見が強い。丁度、長男の晴信の初陣記事でもあることから、この部分の『軍鑑』の記述をめぐっては、賛否両論があり、大方は否定論に傾いている。(7)内容はこの年の十月に信虎が佐久郡海の口城の平賀源心を攻め、包囲一カ月余に及ぶも落城させることができず、断念して帰陣した後に、初陣の晴信が奇襲して落城させたというものである。平賀源心架空説まであって形勢は悪いが、ここではあえて肯定説の立場から、二、三この問題についてふれておきたいと思う。最近これに関連して、平賀成頼（源心・玄信）の実在を強調する論文が発表された。(8)主に近世に成立した地方史誌や村方の古文書にみえる平賀氏関係の記録を拾って、その存在と村上氏への帰属経過を明らかにしたものであるが、一つには『寛政重修諸家譜』にも、大井貞隆の弟として「某　平賀玄信」とあることや、佐久郡内では、平賀氏の存在を示すものが多いことなどから、大変参考になる論文といえる。これと関連して、前述した『軍鑑』の晴信の海の口城攻めの部分も、まだ完全にこれを抹殺できるほどの積極的な材料は存在せず、肯定論も存在の余地が残されていると思われる。

**戦国大名武田氏**

1991年(平成3年)12月15日　第1刷　600部発行

定価7900円（本体7670円）

編　者　佐藤八郎先生頌寿記念論文集刊行会 ©

発行所　株式会社名著出版　〒112 東京都文京区小石川3-10-5　電話03-3815-1270

発行者　中村　榮　　編集製作担当者　岩田　博

組版・印刷：廣済堂　　製本：辻本製本

ISBN4-626-01428-3 C3021 P7900E　　Printed in Japan

山本勘助の位牌

# 山本勘助

上野晴朗

# 6

## 山本勘助

山本勘助・上野晴朗
昭和六十年三月十五日発行　抜粋

### 架空説を追う

そんな軍記的物語性が強いだけに、由来、山本勘助は、架空《かくう》の人物ではないかという説が根強い。それだけに戦国の書をひもとく人は、「山本勘助が……」と、聴いただけで、なぜかそこに一種の

これに極めをつけたのが、明治の史学界をリードした、田中義成《たなかよしなり》博士であった。博士は、明治二十四年一月に、『史学会雑誌』十四号に、『甲陽軍鑑考』と題して『軍鑑』の成立に問題を投げかけ、とくに『武功雑記』の前文を引用して、次のように論じたのであった。

要するに博士は、『武功雑記』がいう『甲陽軍鑑』はすべて山本勘助の子の僧が偽筆したのだという説は否定しながらも、しかし『軍鑑』は、高坂弾正昌信の記録と、信玄の将山県昌景の部卒にすぎない山本勘助のことを、その子の関山派の僧がのこした遺記と、さらにもと武田の遺臣や、景憲の門客らの説を、甲州流軍学をおこした小幡景憲自身が、綴輯したのだと言い切ったのである。

この論説は、当時日本で唯一の官学の牙城《がじょう》である、東京帝国大学の史料編纂所の教授が、史料を吟味した上での研究ということであったので、近代的な学術論文として大いに注目され、この論文はその後、史学界に多大の影響をおよぼし、それまで高かった『甲陽軍鑑』の価値を、引き下げるもとになったばかりではなく、それ以後ずっと現代にいたるまで、史学者たちに強い影響をあたえてきたのである。

たとえば、田中義成博士の高弟の渡辺《わたなべ》世祐《よすけ》博士は、山本勘助はいつ死んだかわからないほど、名もない者であったとし、戦後もなお奥野高広博士は、その著『武田信玄』のなかで、「武田方の軍師山本勘介については、弁護説もあるが、伝説の人物とみるべきである」と論じた。

### 市川文書の出現

ところが、昭和四十四年十月、山本勘助の実在を示す重要史料が、幸運にも突然発見されるにいたった。問題の文書は、北海道釧路市松浦町松浦郵便局長の市川良一氏の所有文書である。

鑑定をうけた結果、はじめて本物であることがわかり、俄然、注目をうけることになった。

市川氏の先祖は、もと甲斐《がい》国市河庄の豪族だったという説がある。鎌倉時代の初めに、信濃国市河

山本勘助の卵塔墓

## 著者略歴

### 上野晴朗（うえの　はるお）

歴史家・作家。1923年山梨県山梨市に生まれる。司書学芸員として図書館・博物館に勤務。山梨県立図書館郷土資料館をへて、1967年より文筆生活に入る。その間に山梨県文化財審議会委員、山梨県自然環境保全審議会委員等を歴任する。著書に『甲斐武田氏』『定本武田勝頼』『落日の武将武田勝頼』『武田信玄に学ぶ』『原色武田遺宝集（共著）』『戦国文書聚影・武田氏編（共著）』その他多数あり。

谷の地頭として移ったといわれており、代々高井郡市河谷（野沢温泉付近）に住し、以後戦国時代まで、北信濃に住んでいた有力士豪で、はじめ甲斐武田氏に属していたが、その後、上杉景勝の家臣となり、慶長五年（一六〇〇）、関ヶ原合戦のあと、家康に降伏して景勝が米沢に転封《てんぽう》になったので、それに従って米沢に移り、明治を迎えた。

そして明治二十三年に、屯田兵《とんでんへい》として北海道に移住、今日に至ったのだという。

このように、市川文書の発見により、事態は大きく変るかに思われたが、しかし官学の流れは依然その伝統が根強く、今度はその市川文書さえ疑ってかかるという状況が続いている。

たとえば昭和四十六年、名著といわれる渡辺世祐博士の『武田信玄の経綸と修養』の再版の解説文に、奥野高広氏は、

「武田信玄がこんなにいわば大衆的な人気がある秘密は何んだろうか。この鍵を解くために、江戸時代から伝記などの研究があり、それは汗牛充棟《かんぎゅうじゅうとう》、枚挙にいとまがないほどである。そのはじめが『甲陽軍鑑』であることは、知らぬ人はないであろう。だが、これは明治二十四年一月の『史学会雑誌』において、田中義成博士がその史料的価値に批判を加えており、今日でもその大綱は動かない。山本勘介の問題など、近く市河藤若宛信玄書状が発見されているが、これは疑わしく、田中先生の説は影響を受けないと思う」

といい、市川文書の内容もあやしく、田中博士の論の大項は、ほとんど動かないといっておられるのである。

さてそうなってくると、最後に問題となるのが、山梨県北巨摩郡高根町蔵原で発見された屋敷墓の解明が、重要な鍵となってくる。

屋敷そのものについては、中世考古学の見地から、ここが最初に勘助に与えられた知行地であることは、まず間違いないと思う。それは軍道《いくさみち》の棒道の建設にからんで、若神子の兵站基地の一角に配された一拠点なるが故に、はなはだ重要なのである。

もう一つ兵站基地というのも、重要な手掛かりである。武田館から大門峠口に向う軍道《いくさみち》の最初の基地は登美高地の竜地、次が若神子《わかみこ》で、その次は茅野市北山湯川にある桝形城である。道程からいえば竜地はあくまで繋《つな》ぎで、若神子はその点上代《じょうだい》から公庁の置かれた逸見《へみ》路の中心地である。ここを拠点に、諏訪口、大門峠口、佐久口、平沢口などに通じ、宿駅の機能としても大変重要な場所である。

若神子山上の三つの旧塁はこの拠点を扼す施設であるのはいうまでもないが、とくに軍道に向かう谷戸路というのが、天文初年には重要視されていたから、私はとくに小池、蔵原方面の山本姓に注目していたところ、幸いそのものずばりに蔵原において、その屋敷を発見することができたのである。

とはいっても、こんなにどんぴしゃりに、八ヶ岳山麓の候補地の近くに、打てば響くように、山本勘助の実在を示す資料が現われてこようとは、とうてい信じられないことであった。

しかもこれだけの立派な資料がそろっているのであれば、少なくともすでに、郷土史の世界で多少でも知られているか、研究されているはずであるが、それがまったくなく、村の郷土史にもなに一つ書きのこされていないと、山本氏はいうのである。

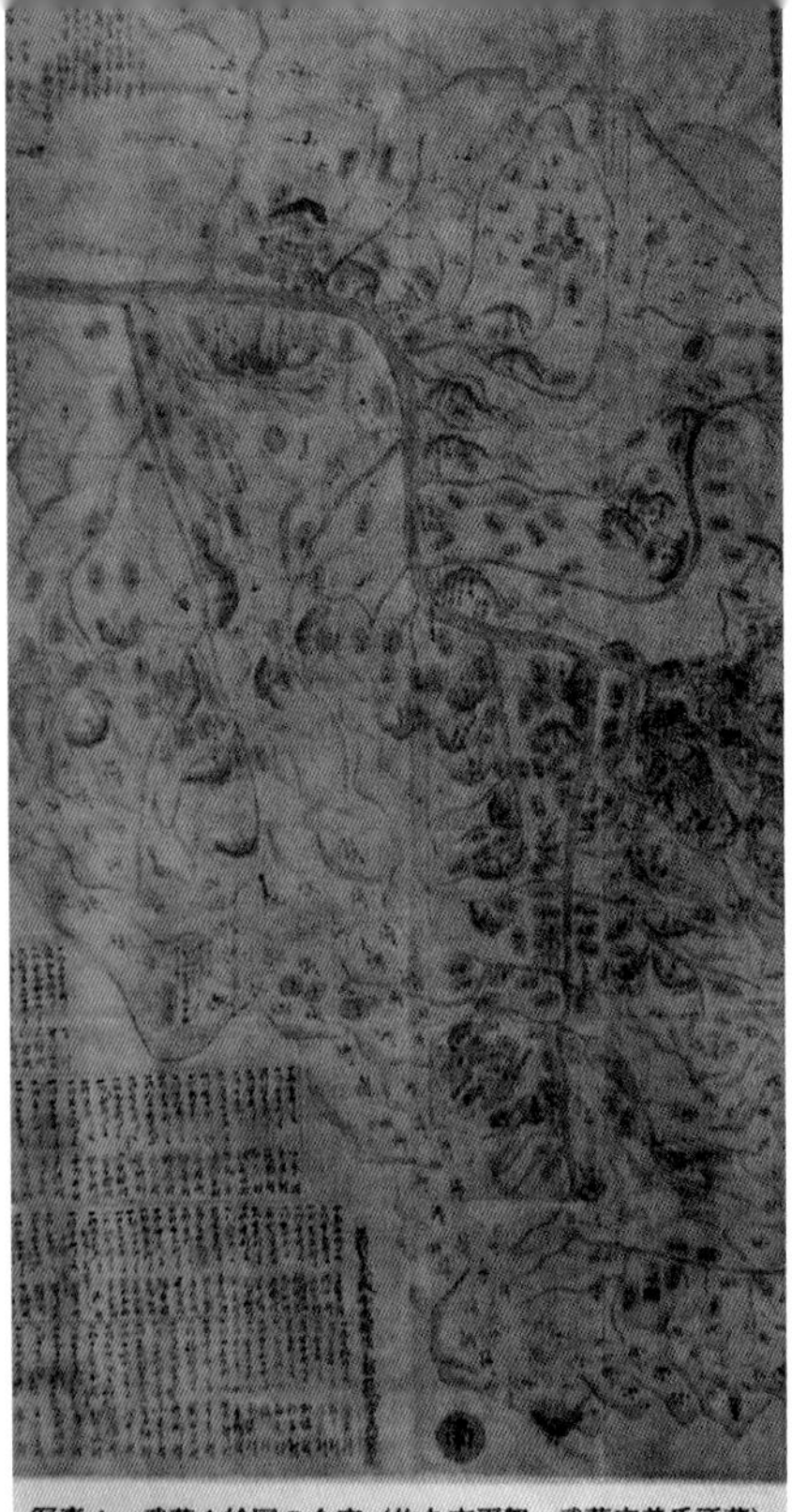

写真4　武藤A絵図の全容（佐久市平賀　武藤守善氏所蔵）

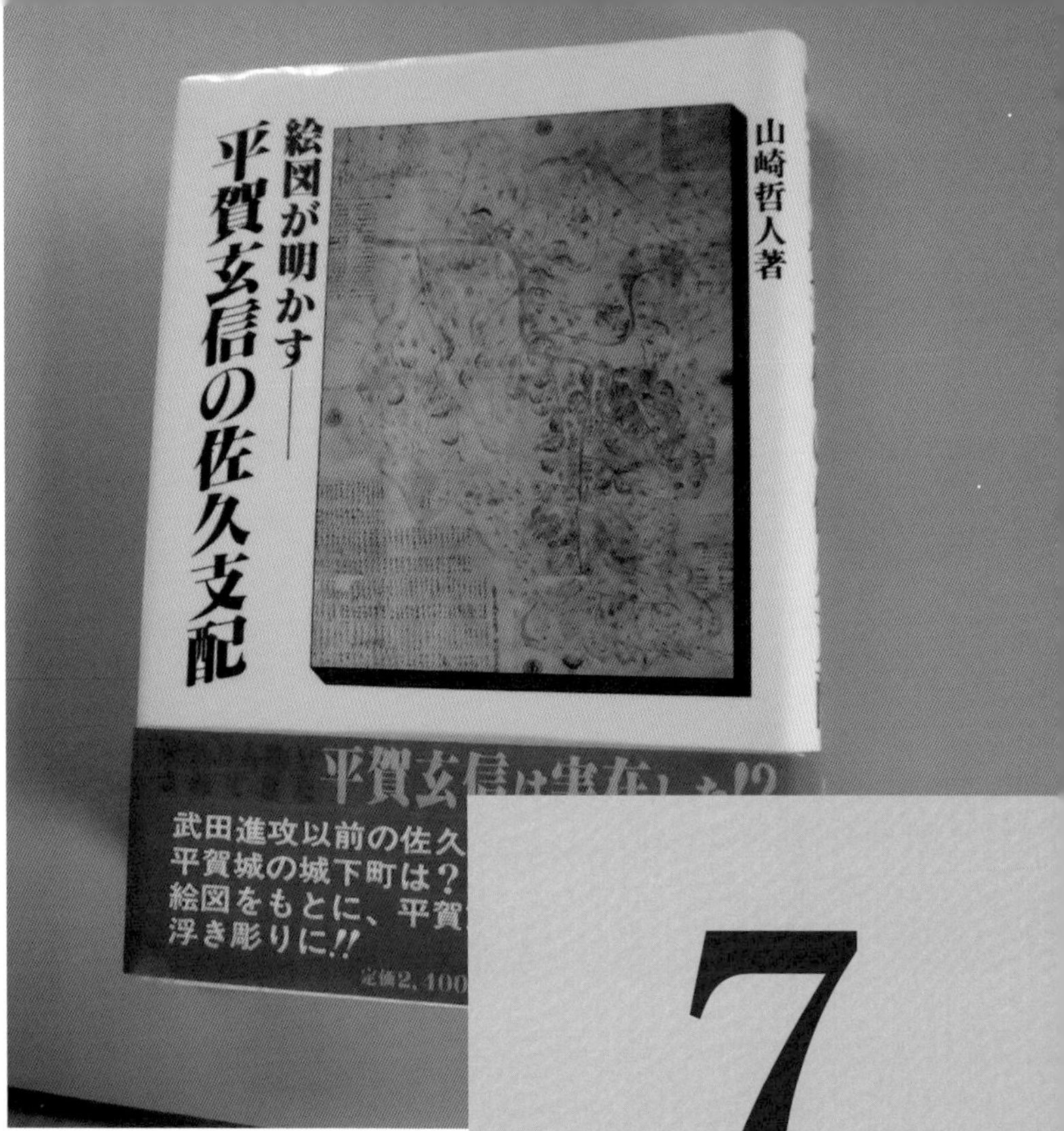


# 7

# 絵図が明かす　平賀玄信の佐久支配

山崎哲人著　抜粋

## 平賀玄信架空人物説の問題点

佐久郡を平均したとされる平賀成頼は、史料・文献・論者によってさまざまに表記されている。また、平賀成頼と平賀玄信（源心）とが同一人物か否かをめぐる議論は、すでに江戸時代中期の郷土史家によって取り上げられている。したがってその研究史の蓄積は膨大であり、ここで全面的に検討することはむずかしい。そこで本項では、論点を明確にするために、平賀玄信（源心）の架空人物説を主張している菊池清人氏の最近の業績を批判的に検討することとしたい。そのあと項をあらためて、平賀玄信実在説の立場から、入手しえた文献・史料によって平賀氏論の変遷をみていこう。

①天文五年に戦いは行なわれておらず、海ノ口城戦死説は、「大部分は誤ったことが書いてある本」の『甲陽軍鑑』によるものである。

②海ノ口城は小さな砦にすぎず、大軍を入れて守る城としては使えない。

③海ノ口城の戦いについては、本物の感状が発見されていない。

④海尻などの井出一族の伝承は、井出一族が海ノ口城の戦いに参加しなかったことを示すものにすぎない。

⑤平賀城は内山城の支城程度にすぎず、すでに平賀氏は大井氏に滅ぼされていて、「当時の記録には平賀城の名は全然出てこない」。

⑥平賀氏は文安三年（一四四六）に滅びており、その九〇年後に「平賀源心一人ばかりがぽつんとあらわれるのはおかしなことである」。

⑦海ノ口は昔から伴野氏の領地で、平賀氏や大井氏が城を築くことはできない。

⑧現存する墓や戒名はすべて江戸時代のものとみられる。「永い年月の間に真偽は忘れら

大井《おほゐ》
小笠原の庶流。

清和天皇十一代
●長清《ながきよ》
童名《わらハな》ハ豊松丸《とよまつまる》。加々美《かゞみ》小次郎
應保《おうほう》二年三月五日、甲州《かうしう》小笠原の館《たち》にてうまる。

長經《ながつね》
童名《わらハな》ハ豊光丸《とよみつ》。遠江守
治承《ぢしやう》三年五月十七日、山城國六波羅《ろくはら》の館《たち》におゐて生る。
母《はゝ》ハ新中納言《しんちうなごん》（藤原二郎）邦綱《くにつなの》卿《きやう》女《むすめ》。

●朝光《ともみつ》
中条《ちうでう》太郎　大井《おほゐの》七郎と号す。
母《はゝ》ハ家《いへ》の女房《にうばう》。

政光《まさみつ》
播磨守《はりまのかみ》　法名《ほうみやうげつざん》月山。

政朝《まさとも》
法名提山《ていざん》。

政則《のり》
法名良鑑《りやうかん》。

政信《まさのよ》
法名淸林《せいりん》。

忠孝《たゞたか》

（82頁まで続く）

図16　「寛永諸家系図伝」（続群書類従完成会）の大井氏系図

れ」て、墓や戒名がつくられた。

⑨海ノ口村明細帳には「古城跡ござなく候」とあり、江戸時代の村人の意識がわかる。

⑩江戸時代の初期でも海ノ口村の人々は、伴野庄内という意識を持ち続けていた。

すでに菊池氏は、これより十数年前にも、右の一〇項目とほぼ同じ内容の九項目を示して、平賀玄信（源心）の実在説に疑問をなげかけていた（平賀村誌刊行委員会『平賀村誌』一九六九年　九九頁）。ただしこの時は、架空人物説を積極的に主張するというより、海ノ口城戦死説にたいする反論というべきものであった。今回は、項目の小さなくみかえがなされて、新たに右の⑨と⑩の二点がつけくわえられた。ただし、「平賀源心は架空の人物」という、かなりセンセーショナルな見出しや論旨にもかかわらず、追加された論点は二つとも海ノ口村に関する問題に限定されている。したがって今回の主張の内容も実質的には前回と同じで、海ノ口城戦死説に対して向けられた反論の域を越えるものではない。

さて、菊池氏の架空人物説について、まず次の点を指摘したい。菊池氏が整理した五つの説のうち、海ノ口城戦死説・海尻城戦死説・平賀城戦死説・大井源心同一人物説の四つは、どれも平賀玄信の実在を前提としている。海ノ口城戦死説に疑いがあるからといって、その批判をいくら重ねても、その論証の過程や結論は、平賀玄信の実在を否定する根拠にはなりえない。戦死場所をめぐる問題と、架空・実在をめぐる問題とは、まったく次元が異なっているからである。

したがってこれら五つの所説は、同じレベルのものとして並列させるのではなく、実在説と架空人物説という二つの説にまず大別すべきである。とすれば、架空人物説を構成する菊池氏の論拠は、⑤⑥⑧の三点だけにしぼられ、ほかの七点はどれも実在説に対する反証となりえてはいない。むしろ、三ヵ所での戦死説や大井源心（玄信）同一人物説は、たとえば武田信玄の死亡場

写真13　南佐久郡南牧村にのこる海ノ口城跡（山田昌夫氏提供）

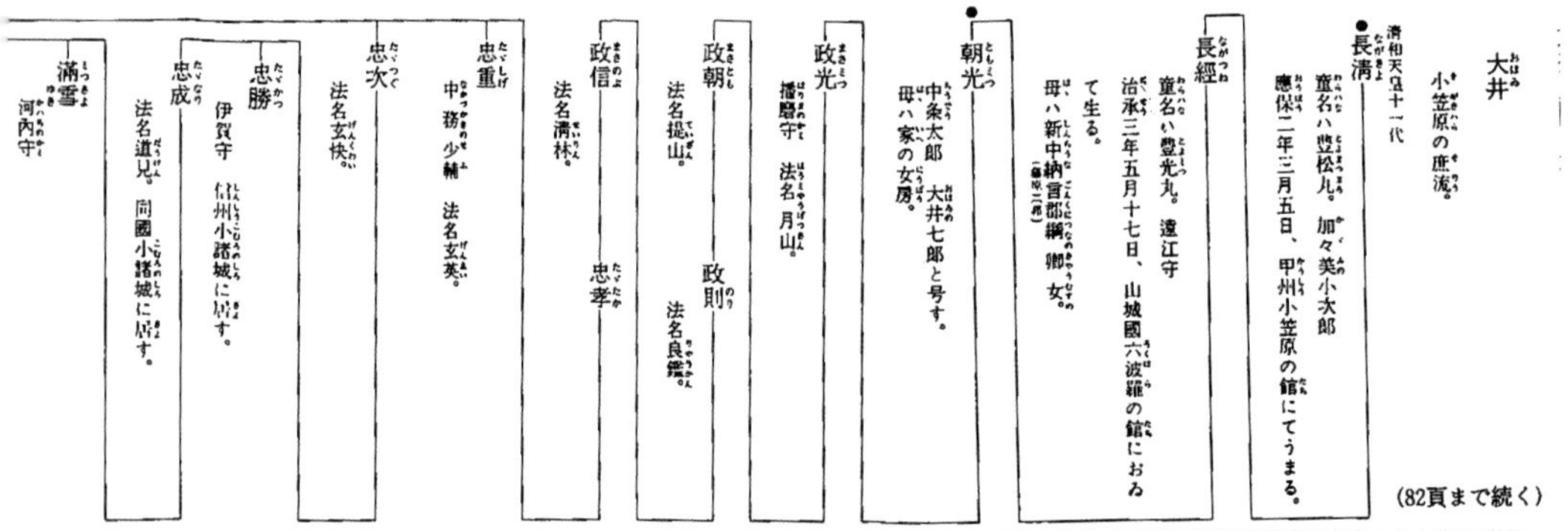

（82頁まで続く）

図16　「寛永諸家系図伝」（続群書類従完成会）の大井氏系図

所をめぐる諸説と同じく、菊池氏の考えとは逆に、実在説を支持するものといわねばならない。そこでまず、⑤⑥⑧の三点について検討を始めることとしたい。

架空人物説の論拠のうち、⑤の平賀城については、とりあえず前述の「平賀成頼佐久郡平均絵図」をあげておこう。この絵図も記録類の一つであり、後述するように平賀（平鹿）城は、平賀成頼入道の居城と明記されている。また、以下の引用史料にもみられるように、平賀成頼（玄信・源心）と平賀（平鹿）城とは、多くの場合そろって文書上に現われてくる。少なくとも、武田氏の佐久侵攻までの中世については、平賀城を内山城の支城程度のものとみなして低く評価することは誤りである。

⑧の墓や法号の問題では、それらがすべて江戸時代のものであり、複数の異なった法名になっているからといって、実在を否定する理由にはなりにくい。遺族や親族・家臣が平賀玄信の菩提を弔おうとする場合、当時は公然とできる状態ではなかったであろう。むしろひっそりと、志ある人が寺院に依頼して法名をつけてもらって冥福を祈ったのではなかろうか。戦いに敗れて四散したり、主家をかえて武田方についたりした関係者が、それぞれ施主となって内密に菩提を弔おうとすれば、複数の異なった法名がうまれても不自然ではない。

また、法号が［院号―道号―戒名］という順序で整えられたのは、そう古いことではない。一例として、慶長十九年に死亡した小諸城主仙石秀久の法号を取り上げてみよう。仙石秀久の葬地である西念寺（佐久市岩村田）所蔵の位牌や、秀久の「手植えの松」があった野沢家の過去帳（佐久市野沢原　野沢庸夫氏所蔵）にみられるように、後世には「円覚院殿宝誉道樹大禅定門」と整えられた。しかし、徳川幕府が編纂した、いわば公的な「寛政重修諸家譜」では、「宝誉道樹円覚院と号す」（続群書類従完成会『新訂寛政重修諸家譜第五』一九六四年　三一五頁）と記すだけである。戦国時代の武将で武田氏に滅ぼされた平賀玄信ならば、墓や法号が画一的に整えられていないほうが真実味がある。

このようにみてくると、最大の問題点であり、また架空人物説の論拠といえるのは、⑥の一点だけである。平賀玄信が、戦国期になって突然現われることは、確かに奇異に感じられる。

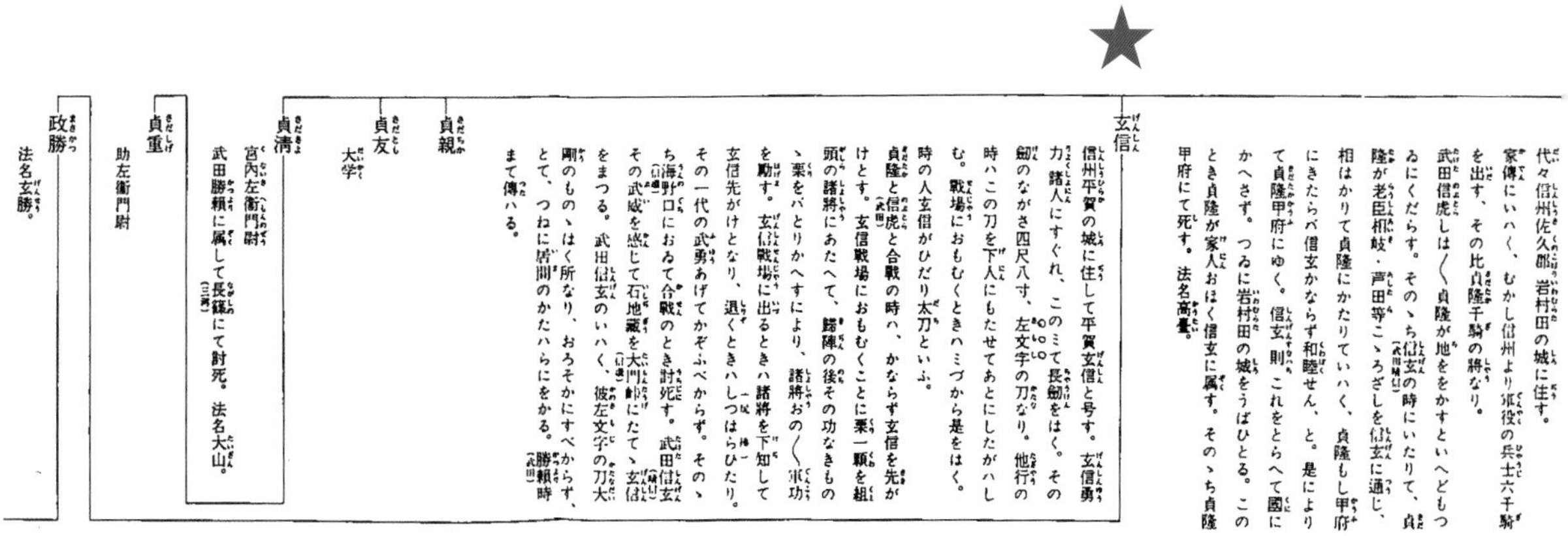
代々《だい/\》信州《しんしう》佐久郡《さくのこほり》岩村田《いはむらた》の城《しろ》に住《ぢう》す。家傳《かでん》にいはく、むかし信州より軍役《ぐんやく》の兵士《ひやうし》六千騎《ぎ》を出《いだ》す、その比貞隆《さだたか》千騎の將《しやう》なり。武田信虎《たけだのぶとら》しば／＼貞隆が地《ち》をおかすといへどもつゐにくだらず。そのゝち信玄《しんげん》〔武田晴信〕の時にいたりて、貞《さだ》隆が老臣相木《らうしんあいき》・芦田《あしだ》等《ら》こゝろざしを信玄《しんげん》に通《つう》じ、相はかりて貞隆にかたりていはく、貞隆もし甲府《かうふ》にきたらバ信玄かならず和睦《くわぼく》せん、と。是によりて貞隆甲府《さだたかかうふ》にゆく。信玄《しんげん》則《すなはち》これをとらへて國《くに》にかへさず。つゐに岩村田《いはむらた》の城《しろ》をうばひとる。このとき貞隆が家人《けにん》おほく信玄に屬《ぞく》す。そのゝち貞隆甲府にて死《し》す。法名高臺《かうたい》。

玄信《げんしん》
信州平賀《しんしうひらか》の城《しろ》に住《ぢう》して平賀玄信《げんしん》と号す。玄信勇力《げんしんゆうりき》諸人《しよにん》にすぐれ、このミて長劔《ちやうけん》をはく。その劔《けん》のながさ四尺八寸、左文字《さもんじ》の刀《かたな》なり。他行《たぎやう》の時ハこの刀を下人《げにん》にもたせてあとにしたがハしむ。戰場《せんじやう》におもむくときハミづから是をはく。時の人玄信がひだり太刀《だち》といふ。貞隆《さだたか》と信虎《のぶとら》〔武田〕と合戰の時ハ、かならず玄信を先《さき》がけとす。玄信戰場におもむくことに栗《くり》一顆《くわ》を組頭《くみがしら》の諸將《しよしやう》にあたへて、歸陣《きぢん》の後《のち》その功なきものゝ栗をバとりかへすにより、諸將《しよしやう》おの／＼軍功《ぐんこう》を勵《はげま》す。玄信戰場《げんしんせんじやう》に出《いづ》るときハ諸將を下知《げぢ》して玄信先がけとなり、退《しりぞ》くときハしつはらひたり。その一代の武勇《ぶゆう》あげてかぞふべからず。そのゝち海野口《うんのくち》〔信濃〕におゐて合戰《かつせん》のとき討死《うちじに》す。武田《たけだ》信玄《しんげん》〔晴信〕その武威《ぶい》を感《かん》じて石地藏《いしぢざう》を大門峠《だいもんたうげ》〔信濃〕にたてゝ玄信をまつる。武田信玄《しんげん》のいはく、彼左文字《かのさもじ》の刀大剛《かう》のものゝはく所なり、おろそかにすべからず、とて、つねに居間《ゐま》のかたハらにをかる。勝頼《かつより》〔武田〕時まで傳《つた》ハる。

貞親《さだちか》

貞友《さだとも》
大学《だいがく》

貞清《さだきよ》
宮内左衛門尉《くないさゑもんのぜう》
武田勝頼《かつより》に屬《ぞく》して長篠《ながしの》〔三河〕にて討死。法名大山《たいざん》。

貞重《さだしげ》
助左衛門尉

政勝《まさかつ》
法名玄勝《げんせう》。

## 山崎哲人著

『絵図が明かす平賀玄信の佐久支配』
略歴　一九四九年長野県佐久市生まれ。信州大学教育学部卒業後、教員として県内に勤務。一九七八年より四年間、仙人の編集委員として『長野県教育史史料編』の一部を編纂。一九八二年より真言宗智山派普賢山文殊院神宮寺住職。一九八九年、長野県派遣教員として上越教育大学大学院学校教育研究科を修了。
現在、南佐久群佐久町立佐久西小学校教諭。
共著
森安彦編『豪農大鈴木家文書』・『岸野村誌』・『長野県史通史編　第四巻近世一』・農山漁村文化協会『人づくり風土記 長野』・信濃教育出版部『おはなし長野県の歴史』・郷土出版社『定本・信州の街道』・『佐久市志歴史編三　近世』・『東村誌』・雄山閣『日本名刹大辞典』
論文
「近世村落内諸階層の存在形態」（『千曲』17・18・22・23号）・「厘取法から反取法への転換と寛永検地」（『信濃』三四巻五・七号）・「平賀成瀬（源心・玄信）による佐久郡支配について」（『信濃四一巻七号）・「近世写本記録類の史料的意義」（『上越社会研究』四号）

ました、大井氏の一族といわれながら、平賀姓として登場することも大きな疑問点であり、また、岩村田の大井氏との関係もよくわかってはいない。史料に乏しく、このような点が不明なため、架空人物説が生まれるのである。

### 江戸幕府編纂の家譜が語る平賀玄信

ここでは、前節で紹介ずみの「平賀成頼佐久郡平均絵図」は除いて、平賀氏が登場するその他の文献や史料について検討していきたい。平賀玄信の呼称については、やや煩わしいが、原則として引用史料に関わる記事ではその史料に忠実に表記する。また、「太輔」・「太夫」などとする文字の誤りも多いが、引用部分では史料や文献どおりとした。

まず、平賀玄信についての手掛かりを得るために、『信濃史料索引』（一九七二年　信濃史料刊行会）を引いてみよう。これは、『信濃史料』の第二巻から補遺上・下巻にいたる二九冊分の総索引で、信州の中世から寛永期までの史料情報を提示する、最も信頼できる基本図書である。この索引では、「平賀玄信」はただ一ヵ所で見つけられるにすぎない。このことはまた、平賀玄信について架空人物説が生まれる大きな理由にもなっている。

『信濃史料』が収録する平賀玄信についての原史料は、「寛永諸家系図伝」である。これによると平賀玄信は、佐久郡の岩村田城主であった大井貞隆の弟ということになっている。そのうえ、貞隆・玄信らの多くの兄弟のあとをついだ次の世代の政勝（法名は玄勝）は、貞隆ではなく玄信の後継者とされている。つまり、図16の大井氏の系図においては、玄信・政勝の家筋が総本家の系統である嫡流として位置づけられているのである（『寛永諸家系図伝第四』一九八一年　続群書類従完成会　二三七〜二四一頁）。

# 8 武田信玄初陣之功・歴史伝承復活略年表

※信玄初陣・平賀源心・山本勘助は架空偽問説はオレンジ色
真実説は青色

| 西暦 | 和暦 | |
|---|---|---|
| 858 | 天安2年 | 第56代清和天皇・清和源氏の祖、 |
| 1110 | 天永元年 | 源清光・甲斐源氏の祖逸見氏、祖父源義光(新羅三郎)父義清。 |
| 1128 | 大治3年 | 武田信義・武田氏祖、甲斐源氏一ノ谷、壇之浦参戦功績大。 |
| 1494 | 明和3年 | 武田信虎誕生・武田氏15代、 |
| 1521 | 大永元年 | 武田晴信誕生・武田氏16代、 |
| 1537 | 天文五年 | 武田晴信16歳初陣、平賀玄信(源心、玄心)海ノ口城で討取り。 |
| | | 胴塚は平沢峠・首塚は若神子に現存する。 |
| 1541 | 天文10年 | 武田晴信　父信虎を駿河今川家に追放する。 |
| 1561 | 永禄4年 | 第4回川中島大合戦、弟信繁・山本勘助等両軍戦死者多数。 |
| 1572 | 元亀3年 | 武田信玄　三方ヶ原の戦いで徳川家康を破る。 |
| 1573 | 元亀4年 | 武田信玄　信州駒場にて死去する、享年53歳。 |
| 1575 | 天正3年 | 武田勝頼　長篠の戦で織田徳川連合軍に大敗する。 |
| 1582 | 天正十年 | 武田勝頼・信勝父子　天目山で死去、甲斐武田氏滅亡する。 |
| | | 織田信長、信忠父子、本能寺の変で自害。 |
| | | 天正壬午の戦い、徳川家康軍と北条氏直軍が領有を争う。 |
| | | 武田家家臣団、徳川家康に召抱えられ、千人同心の成立。 |
| | | 松姫様22歳八王子心源院卜山和尚にて出家、信松尼。 |

| | | |
|---|---|---|
| 1615 | 元和元年 | 大久保長安没後連座して武田家嫡流信正、伊豆大島に配流。 |
| 1656 | 明暦2年 | 甲陽軍鑑（武田氏の軍学書）高坂正信小幡景憲らが編集刊行。 |
| 1663 | 寛文3年 | 将軍家光13回忌で武田信正御赦免、後子信興武田家復興。 |
| 1672 | 寛文12年 | 信玄公百回忌【信玄公十六歳初陣之像】英一蝶・信松院に奉納。 |
| 1736 | 元文元年 | 吉沢好謙『四隣譚薮』信濃郷土誌刊行、平賀玄信実在記述。 |
| 1752 | 宝暦3年 | 瀬下敬忠『千曲之真砂』信濃郷土誌刊行、晴信初陣玄信戦死。 |
| 1820頃 | 頃文政嘉永 | 速見春暁斉著書『甲越軍記』晴信初陣、源心入道討取り。 |
| 1891 | 明治24年 | 田中義成博士の論文『甲陽軍鑑考』で甲陽軍鑑を偽書の烙印<br>東京帝国大学教授の出した結論は威力絶大、以後偽書の定説。 |
| 1969 | 昭和44年 | 『平賀村誌』平賀源心が武田信玄に敗れて戦死は疑しい。 |
| 1969 | 昭和44年 | 山本勘助の実在を示す市川文書が北海道釧路市から発見。 |
| 1975 | 昭和50年頃 | 山梨県史跡既存の『平賀玄心之墓』の墓標が撤去放置される。 |
| 1984 | 昭和59年 | 山本勘助の屋敷墓と位牌が北杜市高根町中蔵原で確認。 |
| 1985 | 昭和60年 | 『南佐久郡誌』平賀源心は架空の人物、郷土史家で最有力。 |
| 1992 | 平成4年 | 『佐久の史跡と名勝』晴信初陣と源心討取は伝説で事実でない。 |
| 1992 | 平成4年 | 『戦国大名武田氏』柴辻俊六著、源心実在説の山崎論文発見。 |
| 1992 | 平成4年 | 玄信実在説『平賀成頼佐久支配』著者山崎哲人教授，訪問。<br>晴信初陣・平賀玄信の史跡伝承の著作を願い友情を深めた。 |
| 1993 | 平成5年 | 平賀玄信の佐久支配、信玄・初陣の夢、著作発表会を遂行。 |
| 1993 | 年平成5年 | 【佐久市志】平賀成頼（源心）は佐久の歴史にありて一大史疑。 |
| 2002 | 年平成14年 | 【須玉町史】平賀源心の実在は確認できる段階に至っていない。 |
| 2020 | 令和2年 | 八王子信松院で信玄公初陣之像の百回忌奉納絵画を確認、<br>（江戸時代の名絵師・英一蝶の朝湖時代 1672年頃の作品） |

## 清和天皇

清和天皇 —— 4代略 —— 源頼義 ─┬─ 義家(八幡太郎) —— 2代略 —— 義朝 —— 源頼朝
　├─ 頼綱(加茂次郎)
　└─ 義光(新羅三郎) —— 義清(甲斐源氏) —— 清光

## 織田信長

織田信長 ─┬─ 信忠(松姫・婚約)本能寺の変で自害
　├─ 信雄
　├─ 信孝
　├─ 特姫(徳川信康室)
　└─ 他

## 平賀玄信(大井成頼)の系図

清和天皇十一代【寛永諸家系図伝】小笠原庶流　大井氏

遠光(加賀美) ― 長清(小笠原) ― 長經(大井) ― 朝光

― 政光 ― 政朝 ― 政則 ― 正信 ― 忠孝

― 貞隆 ― 弟玄信【信玄初陣の功】討死 ― 政勝

― 政繼 ― 政成(家康に忠節)

# 9 甲斐源氏・武田氏の略系図

## 清光(甲斐源氏・逸見氏)

清光(甲斐源氏・逸見氏)

- 光長(逸見氏)
- 信義(武田氏①)
  - 忠頼(一条氏)
  - 兼信(板垣氏)
  - 有義(逸見氏)
  - 信光(石和氏②)—信政③—信時④—時綱⑤—信宗⑥—信武⑦—信成⑧—信春⑨—信満⑩—信重⑪—信守⑫—信昌⑬—信綱⑭—信虎⑮—信玄⑯—勝頼⑰—信勝⑱
- 義定(安田氏)
- 遠光(加賀美氏)
  - 光朝(秋山氏)
  - 長清(小笠原氏)
  - 光行(南部氏)
  - 光清(加賀美氏)
  - 経行(於曽氏)
- 清隆(平井氏)
- 光義(田井氏)
- 義長(河内氏)
- 義行(奈胡氏)
- 厳尊(曽根氏)
- 義成(浅利氏)
- 信清(八代氏)

## 武田信玄

武田信玄

- 義信(幽閉死去)
- 信親(龍芳) —— 顕了 —— 信正 —— 信興(武田家復興)
- 信之(夭折)
- 女(北条氏政室)
- 女(木曽義昌室)
- 女(穴山信君室)
- 勝頼(諏訪氏)-信勝(父勝頼と天目山で自害)
- 盛信(仁科氏)
- 信貞(葛山氏)
- お松(織田信忠・婚約) —— (八王子信松院)
- お菊(上杉景勝室)
- 信清(米沢武田氏初代)

# 10 山崎哲人先生との出会い 顕彰碑の建立

山崎先生との出会いは、(1992年(平成4年)2月16日でした。)

2月初旬【武田信玄初陣の功】【平賀玄心之墓】の史跡整備の相談で山梨文化財研究所の谷口一夫先生を訪ね、現在放置状態の玄心の史跡を整備したいとの相談でした。その史跡的評価は史学界では否定説・疑問説が主流で史跡評価は無いと結論された。その後、(平成三年一二月一五日発刊)【戦国大名武田氏】佐藤八郎先生頌寿記念論文集刊行会編の柴辻俊六執筆【武田信玄の曹洞宗支配と北高禅師】に平賀玄信の実在を強調する論文が発表された、の記事を発見その伝承が最近の歴史家は否定説まで発表している。私はあえて実在を実証すべく資料を探し【平賀成頼佐久群平均絵図】を見つけその研究をして発表したとのお話。私はその思い入れに同士を見つけた感激をおぼえました。そして　【平賀成頼佐久群平均絵図】の研究、山崎哲人書を頂き(50部を自主出版作成された、神宮寺株無会社発行となっておりユーモアの人柄と強い信念を感じられました)出会いを感謝して、胸をふくらませ吹雪く八ヶ岳を右手に見ながら帰りました。

山崎先生を再訪し【平賀玄信の佐久支配】の出版をお願いしました、快諾を得て帰路に海ノ口城の探索、平沢峠の胴塚を確認し驚きました、両方とも立派な石碑が建立されていた、南牧村百周年記念として【海ノ口城跡】【平賀源心胴塚】の石碑を見て、若神子の首塚が放置状態では残念であると同時に佐久の方々に申し上げないと痛感した。初陣晴信の手柄と佐久の盟主、平賀源心(玄心・玄信)を称えた伝承を探求して墓碑整備、胴塚に見合う顕彰碑の建立をしなければならないと痛感しました。

そして、実在説を強調する意味で両雄を讃えて【信玄初陣の夢】を作詞しました。

# 信玄初陣の夢（3′54″）

作詞：山田昌夫／作曲：望月吾郎／編曲：湯野カオル

歌―清水達雄　演奏―ビクターオーケストラ

一、八《や》ケ《つ》岳より出《い》ずる須玉川《すたま》
甲斐《かい》は源氏《げんじ》の晴信《はるのぶ》は
智略優《ちりゃくすぐ》れし　勇者《ゆうしゃ》なり
殿軍返《しんがりかえ》して　軍配《ぐんばい》を
軍配高く　疾風《かぜ》に舞《ま》う

二、八《や》ケ《つ》岳より流る　千曲川《ちくまがわ》
佐久《さく》は平賀《ひらが》の玄心《げんしん》は
武勇優《ぶゆうすぐ》れし　盟主《めいしゅ》なり
四尺八寸《ししゃくはっすん》　左文字《さもんじ》の
左文字の大刀《たち》　雪《ゆき》に舞《ま》う

三、玄心出城《げんしんでじろ》　海《うみ》の口《くち》
天文五年《てんもんごねん》の　戦《たたか》いは
平沢峠《ひらさわとうげ》と　若神子《わかみこ》に
武田晴信《たけだはるのぶ》　初陣の
初陣の夢　八《や》ケ《つ》岳に舞《ま》う

# 参考文献


磯貝正義・服部治則,甲陽軍鑑（上）,株式会社人物往来社,昭和40年7月30日.
黒田日出男,「甲陽軍鑑」の史料論　武田信玄の国家構想,株式会社校倉書房,2015年2月28日.
佐久市志編纂委員会,佐久市志　歴史編（二）中世、佐久市志刊行会,平成5年7月20日.
平賀村誌刊行委員会編集部,平賀村誌,平賀村誌刊行委員会,昭和44年11月3日.
長野県南佐久郡誌編纂委員会,南佐久郡誌　古代・中世編,長野県南佐久郡誌刊行会,昭和60年9月1日.
須玉町史編さん委員会,須玉町史　通史編　第一巻　序編　原始・古代　中世　近世、
須玉町,平成14年3月1日.
笹本正治,戦国大名　武田氏の信濃支配,株式会社名著出版,1990年（平成2年）11月26日.
武田信玄の曹洞宗支配と北高禅師　柴辻俊六
佐藤八郎先生頌寿記念論文集行会©,戦国大名武田氏,株式会社名著出版,1991年（平成3年）12月15日.
上野晴朗,山本勘助,新人物往来社,昭和60年3月15日.
山崎哲人,絵図が明かす　平賀玄信の佐久支配,株式会社郷土出版社,1993年8月22日.
菊池清人,佐久の史跡と名勝,株式会社櫟＜いちい＞,平成4年7月25日.
小林宏治,武田信玄公[初陣之功]伝承の復活を願う,山梨県人会連合会,平成4年3月1日.
北杜市郷土資料館,北杜の歴史シリーズ③「北杜の戦国時代」　ほくと、もっと知りたい!!BOOKLET8,
北杜市郷土資料館,2007年4月14日.
武田信玄公息女　松姫さまの生涯　金龍山　信松院のしおり
村上　直、江戸幕府　八王子千人同心、雄山閣出版、1988年8月20日.

# 11 故郷・山梨の史跡伝承の復活 武田信玄・初陣之功と平賀玄心墓

明治・大正期の歴史家、東京帝国大学教授の田中義成博士の威力は絶大、
田中義成博士の小論【甲陽軍鑑考】で【甲陽軍鑑】は史料として信用できない。
大方の歴史家が【信玄初陣之功】は事実でない、その史跡の墓標は撤去された。
史跡は無残な姿に放置された状態になった。1975年（昭和50年）頃であった。
【南佐久郡誌】及び【平賀村誌】には、平賀源心（玄信、玄心）は架空の人物で
ある、又、【佐久の史跡と名勝】にも、武田信玄初陣之功は伝説で事実でない、
その他大方の歴史家は平賀源心（玄信・玄心）の存在自体も疑問視していた。
武田信玄【初陣之功】平賀玄心両雄の史跡伝承復活を探求する。

## 『武田信玄初陣』『平賀玄心（玄信・源心）』架空説の検証

①武田晴信の元服・任官・結婚・初陣までも天文5年の同じ年に行われた事は門出を飾ろうとしたことで
意図的で創作の疑いが濃厚である。
②平賀氏は1446年滅びており、90年後突然現れるのは不自然である。
③海ノ口城は籠城するには、小さくて大軍を入れて守る城には使えない。
④武田晴信が海ノ口城で平賀源心を討った事が書いてある甲陽軍鑑という本は、
大部分は誤ったことが書いてある本である。

**以上の理由で田中義成博士、磯貝正義教授はじめ大方の歴史家は
【武田信玄初陣・平賀玄信】を伝説で架空説であると言明している。**

①について、目出度いことは重なります、だがこの事で架空説は論外です。
②戦国時代では、復興誇張する家系図は珍しい事ではなかったでしょう。
③海ノ口城の山伝いに砦の設営が出来ます、籠城も可能です。
④最近の歴史研究者により、甲陽軍鑑は極めて豊穣なテキストである。

**上項の架空説は下記の釈明、八王子信松院の信玄公初陣の奉納絵と
織田軍に破壊された地蔵塊の新事実の発見で伝承は立証できました。**

**信玄公初陣之功は真実だった!**

# 12 あとがき

## 故郷に恩返し・因果の探求30年

若神子小学校・須玉中学校の通学路の途中に【史跡・平賀玄心之墓・山梨県】の大きな木の墓標が建っていた。
その木の墓標が何時しか撤去されていた。高校を卒業し23歳でタマパック（株）を創業し、その間実家は
若神子上宿に移店していた。なんとその新店舗は、【史跡・平賀玄心之墓】の入り口左手に開店していました。
1980年父の葬儀の時平賀玄心之墓が放置状態で史跡の墓標は裏に倒されていた。
因縁を感じ、史実を探求した。武田信玄初陣之功での海ノ口城で平賀玄心を討取り胴を平沢峠に首を
若神子に埋めた伝承は、事実でない、疑わしいと歴史家は主張。長野の佐久市志、平賀村誌、南佐久郡誌、
佐久の史跡と名勝、地元の須玉町史、など悉く同調している。【史跡・平賀玄心之墓】の墓標が放置された
理由が判明した。1990年（平成2年）私の因縁の探求は、実在説の佐久市の山崎哲人教諭を発見
【平賀玄信の佐久支配】の刊行をお願いした。同時に武田信玄・平賀玄心、両雄を讃え実在説を強調する
意味で【信玄初陣の夢】を作詞発表しました。そして八王子信松院秘蔵の【信玄16歳初陣之像】を閲覧し
鑑定、有名絵師【英一蝶】の自筆と判明した、信玄公100回忌の奉納絵でした、初陣之功が実在した証拠です。
同時に若神子に現存する平賀玄心（玄信、源心は同一）の墓は時代とともに変転した。当初信玄が建てた
石地蔵①、織田軍に破壊された石地蔵塊②③、佐久の縁者が建てた平鹿城主玄心墓④、若神子の執事が
建てた平賀入道玄心墓⑤、の変転である。信玄公息女の松姫さまが私の探求のカギを解いて戴きました、
武田氏滅亡後の八王子千人同心の因果を勉強出来ました。故郷若神子は、甲斐源氏発祥の地であり武田信玄
初陣の輝かしいデビュ-を記念する場所であります。因縁を感じ執念で武田信玄初陣之功、平賀玄心墓の
実在を探求でき、信玄公生誕500年を機に執筆刊行出来ることはうれしく思います。文献の出版社著者には
問題提起の書という意図をご理解ください。平賀玄心(玄信・源心)公の【平賀源心胴塚】碑が平沢峠に
平成元年に南牧村百周年記念に佐久郷土の英雄として伝承建立されています。若神子の首塚を
信玄公生誕5百年記念を機に両雄を称え碑を建立したいと思います。
新型コロナ禍での折、探求にご協力をお願いした方々に深く感謝御礼申し上げます、
何かと批判をお願いして、地元生誕、郷土愛者と免じてお許しください。

筆者　　夢昌生望（ゆめきらびやか のぞみはぐくむ）　　山田昌夫

## 著者　略歴


山田　昌夫（夢昌生望）　1941年2月26日、山梨県北杜市須玉町若神子生まれ
1959年韮崎高校卒業、1964年タマパック(株)創業、1980年西武新聞社　社長、
1982年第1回立川マラソン大会開催実行委員長、同年CATVマイテレビ設立社長、
1983年第1回ニューカレドニアマラソン会長、1996年アイデア発明振興会理事長、
2002年古紙活性化プロジェクト発足主幹、2005年FMラジオ立川（株）設立社長、
2006年第1回中国揚州鑑真マラソン開催会長、現在まで工業所有権350件以上。
著作刊行、1993年【空から東京（多摩版・23区版）】、2004年【商標の裏技・表技】
2006年【鑑真は日中友好のかがり火】、2021年【初陣・武田信玄】

海ノ口城跡
海ノ口城跡
海ノ口城跡に関する歴史と伝説　平賀源心（成頼）の出城で別名鳥井城とも言う。平賀氏は現在の佐久市平賀の平賀城城主であった。永正、大永年間の頃から甲斐（山梨県）の武田氏としばしば兵火を交じえた。文安、宝徳ころからこの城によっていた。天文五年武田信虎は兵七、八千人を率いてこの城を攻めた。平賀氏は兵三千にて城を固く守り落城の気配はなくまた大雪降りしきり歳末ともなったのでやむを得ず一旦甲斐に帰陣することにした。この時父信虎とともに海ノ口城攻略に加っていた武田晴信（信玄）はしんがりにいて父の許を得て兵三百人を率いて途中より引き返しこの城を奇襲した。一方平賀源心は武田氏の帰陣するを知り城の守りを解き兵を年取りに家に帰して寛ろいでいた。そこへ武田氏の奇襲にあい剛胆七十人力という流石の源心も虚をつかれあえなく戦死し海ノ口城は落ちたのである。武田晴信はこの時若冠十六歳で初陣の手柄をたてた。時、天文五年十二月二十八日であった。
平成元年四月南牧村村制百周年記念

海ノ口城跡

武田信玄初陣　平賀玄心之墓　念願叶い顕彰碑を建立（2021年7月）

2021年7月15日　初版第1刷発行
著　者　山田　昌夫
発行元　株式会社エコー出版
　　　　〒196-0033　東京都昭島市東町1-16-11
　　　　TEL 042-524-8181　FAX 042-527-4193
印刷所　株式会社ハタ技術研究社
検印省略


ISBN 978-4-910307-11-4　Printed in japan 2021
乱丁・落丁はお取替えいたします。